Gela Brüggebo

Einführung in die Holistische Sensorische Integration (HSI) Teil 1

borgmann

Widmung:
Dieses Buch ist Uschi Geißler gewidmet.

Danksagung:
Ich möchte nicht versäumen, ganz besonders Angela Heuer für die fruchtbare Zusammenarbeit zu danken.
Aber auch Marita Görtz, Ute Neumann, Waltraud Papenberg, Elke Schlüwe gilt mein Dank.
Der ausgeschiedenen ursprünglichen Mit-Autorin Anja Witte danke ich für die mir zur Verfügung gestellten Textpassagen.

Gela Brüggebors leitet in Hannover das IFBT – ein Institut für pädagogische und psychologische Fortbildungsseminare. Bitte Informationsmaterial anfordern: IFBT, Schneckenburger Straße 30, 3000 Hannover 1.

Gesamtherstellung: Löer Druck GmbH, Dortmund

Fotos: Michael Seifert, Hannover

Zeichnungen auf den Seiten 15, 20, 22, 24-26, 28-30, 71, 80, 153
von Erich Meier, Negenborn

Bestell-Nr. 8104 ISBN 3-86145-023-2

Inhalt

1. Einleitung

Dieses Buch stellt im ersten Kapitel die Anatomie und Physiologie des ZNS des Menschen vor und hat den Anspruch, eine kleine Einführung in die Hirnforschung, nicht nur für SI-Interessierte, zu geben.

Darauf folgt eine Vorstellung der SI nach AYRES und ihren NachfolgerInnen.

Im 4. Kapitel erfolgt eine kurze Evaluation dieses Ansatzes.

Im zweiten Band „Von der HSI zur Holistischen Sensorischen Balance (HSB)“ wird es primär um Überlegungen gehen, wie die Erkenntnisse des Konstruktivismus, der Chaos-Forschung, der Psychoanalyse, der Kybernetik etc. für die HSI fruchtbar gemacht werden können.

Geplantes Inhaltsverzeichnis:

1. Einleitung
2. Der Entwurf eines holistischen Modells des Menschen
3. Holistische Sensorische Balance (HSB) als psycho-physische Homöostase: Durch Chaos zur Balance
4. Der Beziehungsaspekt in der HSB
5. Übertragungsmechanismus
6. Die Psycho-Physiologie der Sinne
7. Die Sinn-Haftigkeit der Sinne
8. Kasuistik
9. Literaturverzeichnis, Stichwortverzeichnis für Band 1 und 2

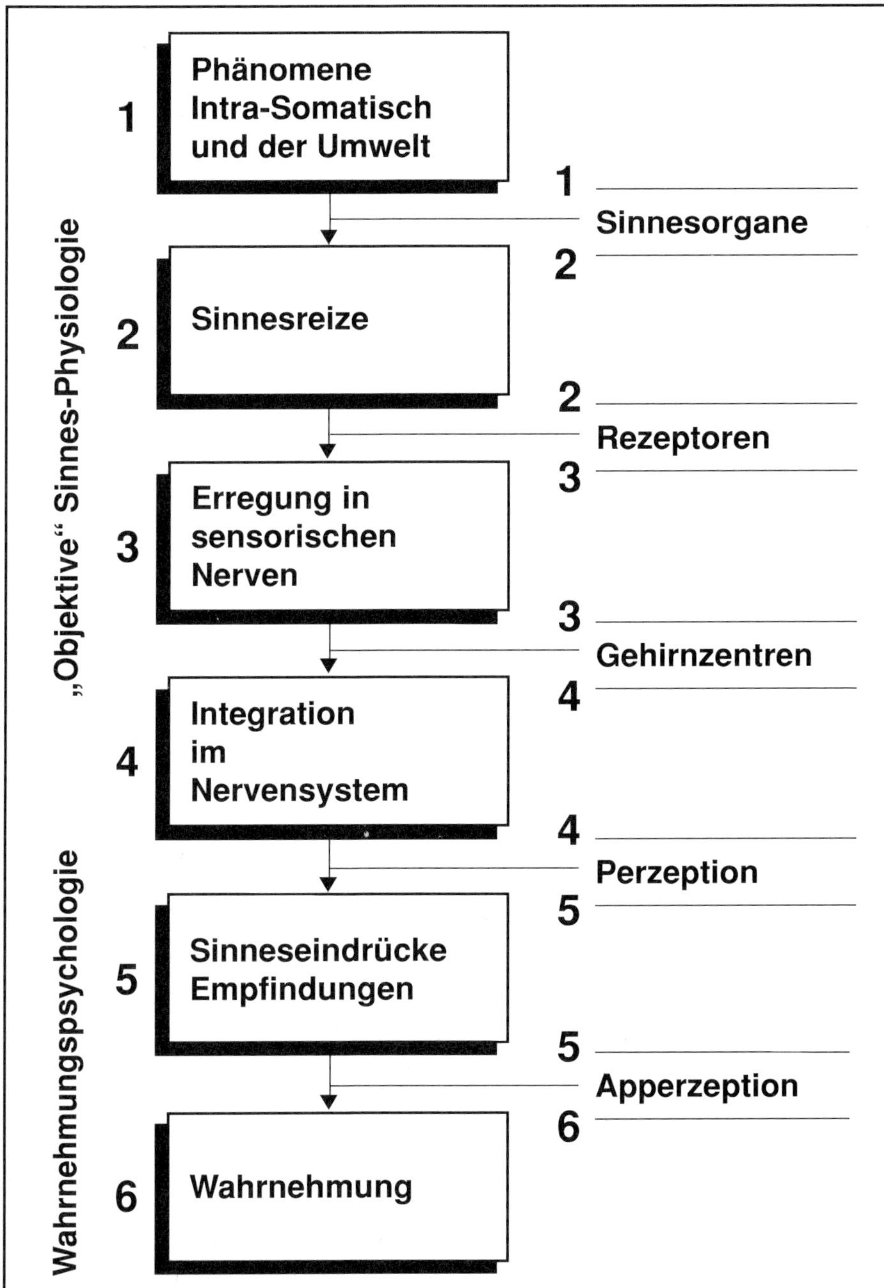

Abb. 1: Sensorische Integration SI

2. Das Nervensystem

Wir unterteilen es in das Zentralnervensystem und periphere Nervensystem.

Das Zentralnervensystem

Das Zentralnervensystem stellt die Verbindungs- und Schaltstelle sowie das Koordinations- und Integrationszentrum aller ankommenden Informationen und der darauf folgenden Reaktionen dar.

Es unterteilt sich in *Gehirn* und *Rückenmark*.

Das Gehirn ist der Sitz aller wichtigen Regulationszentren; es nimmt Informationen auf und speichert sie; es stellt den Ort des Denkens, Sprechens, Lernens, Erkennens etc. dar, ist aber in seinen phylogenetisch älteren Schichten auch der Ort der Triebe, archaischer Verhaltensweisen etc. Das *Rückenmark* leitet die afferenten und efferenten Bahnen, es ist auch zuständig für Reflexe.

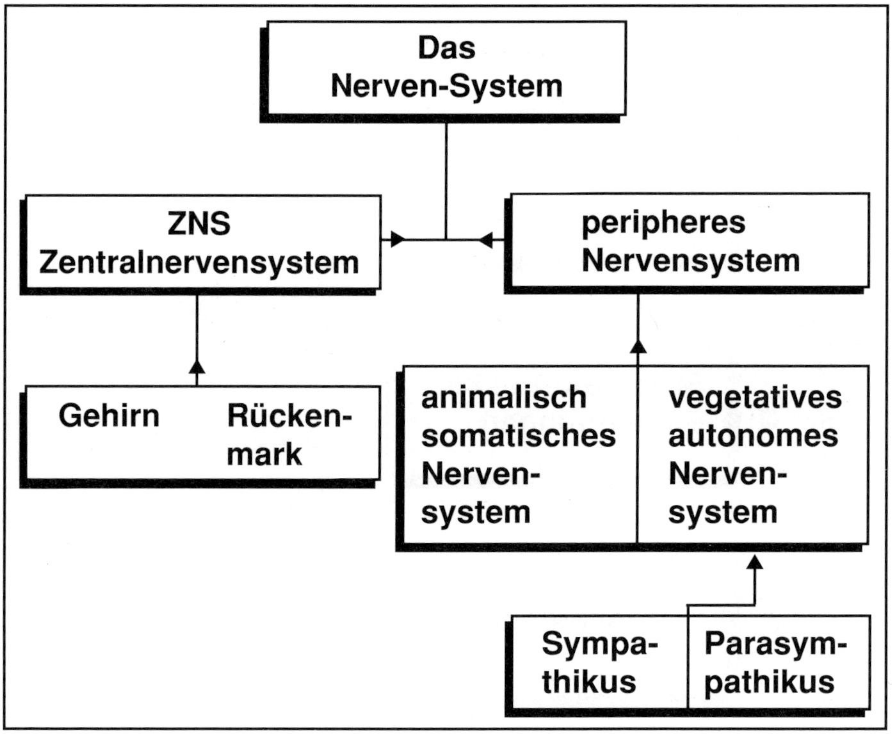

Abb. 2

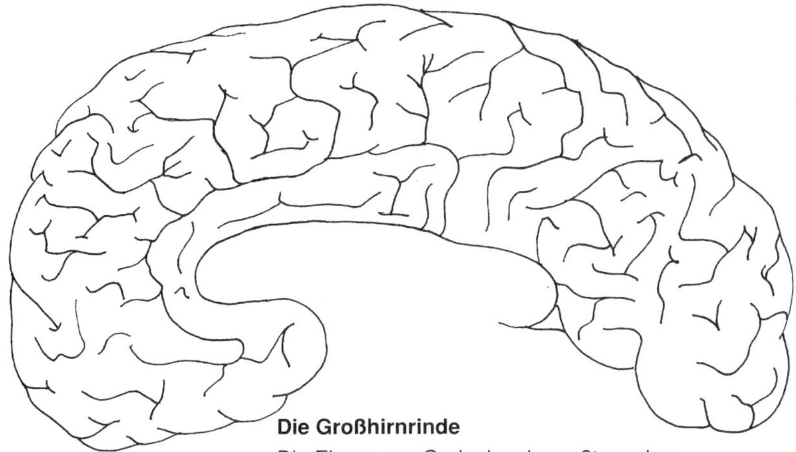

Die Großhirnrinde

Die Ebene, wo Gedanken bewußt werden.
Zentren für:

- Visuelle Wahrnehmung
- Interpretation von Geräuschen aus der Umgebung
- Sprachverständnis
- Große Zentren für die Körperempfindungen, willensmäßige Kontrolle des Körpers und der Augenbewegung
- Gedächtniszentrum
- Motorische Region
- Raumorientierung
- Assoziationsareale
- Verarbeitung verschiedener Arten sinnlicher Eindrücke zu einem einheitlichen Ganzen

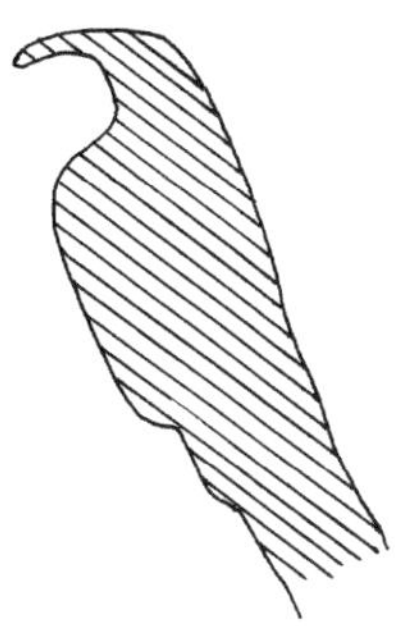

Der Hirnstamm

- Vestibuläre Kerne (Schaltzentren)
- Retikuläre Formation
- Informationsverarbeitung von Sinnesorganen, speziell von den Rezeptoren in den Gelenken und Muskeln (Propriozeption)

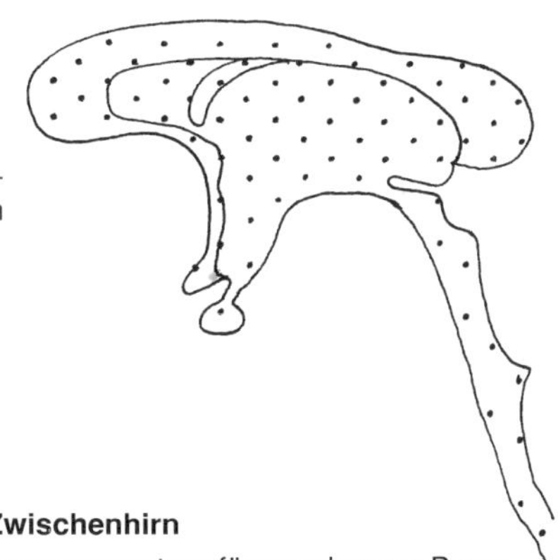

Das Zwischenhirn

- Steuerungszentren für angeborene Bewegungsabläufe
- Zentren zur Verarbeitung von Informationen/ somatische Grundlage für Emotionen und Triebe

Abb. 3

Das Periphere Nervensystem

Das periphere Nervensystem als anderer Teil des Nervensystems nimmt durch sensible Bahnen Reize auf und leitet sie zum ZNS weiter; es stellt die Verbindung über motorische Bahnen vom ZNS zu den ausführenden Organen dar (Drüsen, Muskeln). Es ist wiederum dualistisch unterteilt in

a) das somatische (animalische) Nervensystem und
b) in das vegetative (autonome) Nervensystem.

Das somatisch-animalische Nervensystem dient der Regelung der Beziehungen zur Außenwelt und umfaßt folgende Hirnareale: Großhirn; Thalamus, Hypothalamus, Hypophyse, Kleinhirn, Formatio reticularis, Medulla oblongata, Rückenmark.

Das vegetativ-autonome Nervensystem steuert die inneren Lebensfunktionen wie Atmung, Verdauung, Stoffwechsel, Drüsentätigkeit, und seine Zentren befinden sich im Thalamus, Hypothalamus, Hypophyse, Reflexzentren im Rückenmark etc.

Sympathicus und Parasympathikus

Der Sympathicus sorgt grob eingeteilt für Erregung und Spannung, Kampfbereitschaft. Der Parasympathicus sorgt für Schlaf, Entspannung, Verdauung.

Das zentrale und periphere somatisch-animalische Nervensystem ist zuständig für perzeptive Prozesse, also sensorische Aktivitäten der Reizaufnahme und Reizverarbeitung, aber auch für motorische Prozesse als Reaktion auf die ankommenden Reize der afferenten Leitungsbahn, die dann über die efferente Leitungsbahn beantwortet werden.

Das zentrale und periphere vegetativ-autonome Nervensystem steuert alle motorischen und sensorischen Fasern, die nicht zu quergestreiften Muskeln ziehen, also die unwillkürlichen motorischen Vorgänge; darüber hinaus steuert es alle inneren Organe.

Das zentrale und periphere somatisch-animalische als auch das zentrale und periphere vegetativ-autonome Nervensystem sind an allen höheren psycho-physischen Prozessen, Funktionen und Bewußtseinsinhalten wie Ratio, Sprache, Denken etc. beteiligt.

Das Nervensystem gliedert sich also in das willkürliche (somatische, animale) und das autonome (unwillkürliche, vegetative) Nervensystem.

Zum willkürlichen Nervensystem gehören das Zentralnervensystem (ZNS) und das periphere Nervensystem. Das ZNS (Zentralnervensystem) setzt sich zusammen aus dem Gehirn (Cerebrum, supraspinaler Anteil) und dem Rückenmark (Spina, Medulla) als dem spinalen Anteil.

Als peripheres Nervensystem wird das Nervengewebe außerhalb des Gehirns und des Rückenmarks bezeichnet. Das Nervensystem bildet letztlich eine holistische Einheit, ein kybernetisches Netzwerk – das sollte auch nie bei einer isolierten und reduktionistischen Betrachtungsweise des Nervensystems vergessen werden.

Kommunikation ist die Basis des menschlichen Seins und auch die Basis und Aufgabe des Zentralnervensystems. Nicht nur mit der Außenwelt kommuniziert der Mensch, sondern auch mit seiner Innenwelt. Und auch die Zellen des menschlichen Körpers kommunizieren miteinander – nur so ist die immense Komplexität des menschlichen Körpers und des menschlichen Bewußtseins zu wahren. Die Kommunikation zwischen den Zellen kann sehr schnell, aber auch sehr langsam sein, sie kann über kurze oder lange Distanzen verlaufen. Im Volksmund spricht man/frau nicht zu unrecht von einer „langen Leitung". Zellen, die direkt beieinander liegen, sind in Kontakt durch biochemische Mechanismen – doch diese Art der Kommunikation verläuft recht langsam. Relativ langsam verläuft auch die Kommunikation durch Hormone, durch Botenstoffe, die biochemische Informationen zu entfernten Zellen tragen. Spezialisiert auf Kommunikation, Information und Vermittlung zwischen Zellen und Organsystem ist das Nervensystem. Und es ist auch die Basis der Kommunikation mit der Außenwelt. Es vermittelt seiner Zentrale, dem Gehirn, Erkenntnisse und Informationen über die Außenwelt, und es befähigt den Körper, schnell und angemessen auf Reize und Stimuli der Außenwelt zu antworten.

Die Kommunikation des Nervensystems mit der Außenwelt erfolgt über die Sinne. Vereinfacht ausgedrückt nehmen wir mit unseren Sinnen Signale (Bits) über unsere Rezeptoren auf, lassen diese Informationseinheiten die afferente (aufsteigende) Leitungsbahn hoch zum Gehirn laufen, unterziehen diese In-puts einer Selektion, Analyse, Integration, Organisation, Verarbeitung und „spucken" dann quasi über die efferente (abführende) Leitungsbahn die Antwort des Nervensystems auf die sensorischen Inputs über die efferente (abführende) Leitungsbahn als motorische Antwort wieder nach „außen" als Output aus.

Die Grundstruktur des Nervensystems ist die erregbare Nervenzelle (Neuron).

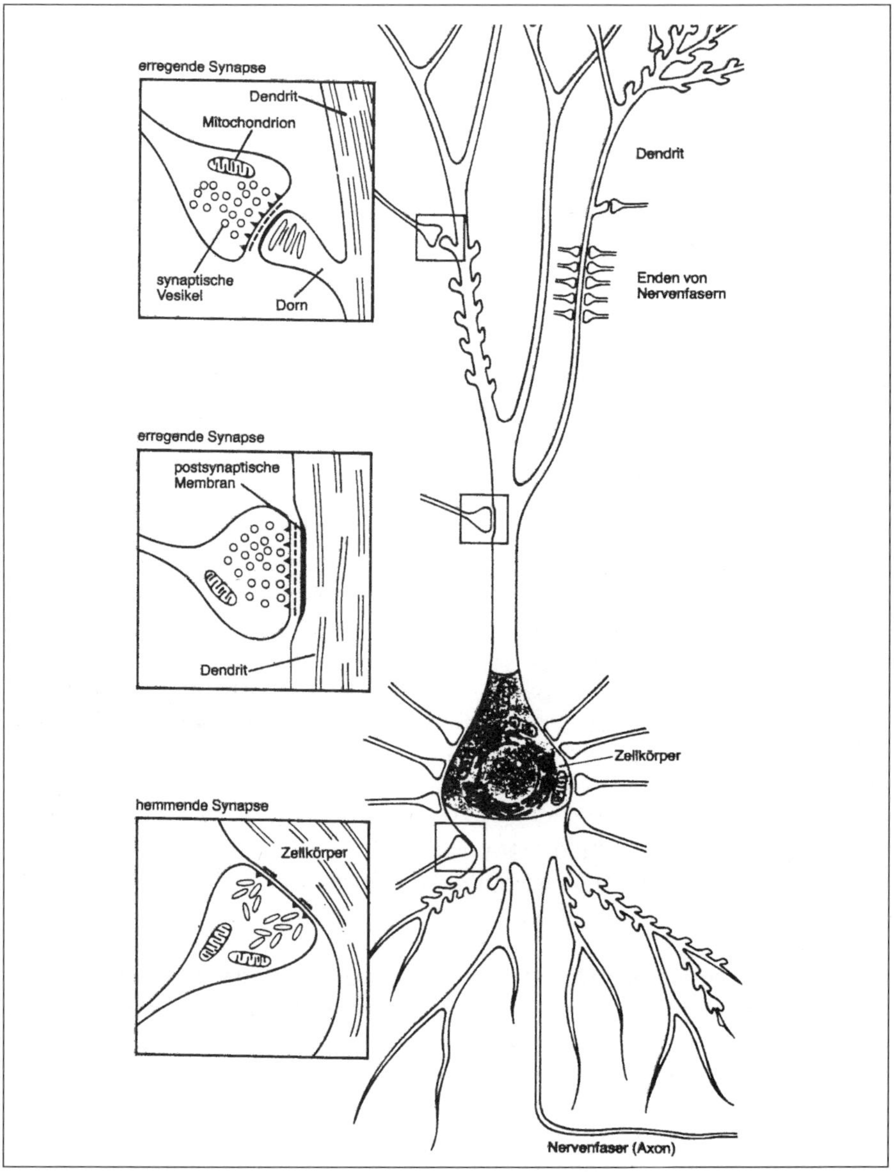

Abb 4: Schema einer neuralen Verbindung. Einer Nervenzelle lagern sich eine Reihe von Dendriten an, die mit kolbenförmigen Verdickungen am Zellkörper enden. a) Nervenzelle mit Axon und Dendriten, b) erregende Synapse, c) hemmende Synapse. Der synaptische Spalt muß durch Neurotransmitter überbrückt werden. (aus: Iversen, Die Chemie der Signalübertragung, in: Spektrum der Wissenschaft (Hrsg.), Gehirn und Nervensystem, Heidelberg [9]1988)

Nervenzellen haben eine große Variation an Form und Größe: Meistens haben sie eine große Anzahl Dendriten (afferent, sensorisch), aber nur einen einzigen Axon (efferent, motorisch). Die Axone können sehr lang sein, ganze Bündel von Axonen bilden Nervenbahnen. Die Nervenzelle besteht aus dem Zellkörper (Soma) und den Fortsätzen. Bei den Fortsätzen sind die meist kürzeren Dendriten (Dendriten empfangen neurale Erregungen; Dendriten sind meist stark verzweigt; an der Spitze des dendritischen Dorns liegt die Synapse) und ein längerer Hauptfortsatz, das Axon oder der Neurit zu unterscheiden.

Das Axon (Neurit) sendet die elektrischen Impulse aus, also vom Zellkörper (Soma) weg hin zu den Synapsen.

Eine kleine bewährte Eselsbrücke : A für Axon wie AUS.

Der Mensch besitzt ca. 25 Milliarden Neuronen, diese sind selbständige Grundeinheiten des Nervensystems. Neuronen sind hochspezialisierte Zellen, die sich nicht mehr teilen können.

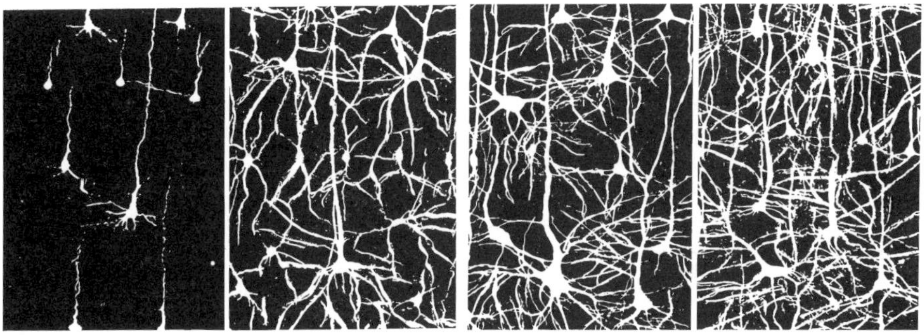

Geburt **3 Monate** **15 Monate** **3 Jahre**

Abb. 5: Schnitt durch eine Partie der menschlichen Großhirnrinde (aus: Vester 1983, S. 32/33, nach J. L. Conel: Life as revealed by the microscope, New York 1970).

Zusammenfassung:

Jedes Neuron besitzt einen Zellkörper, Soma genannt und einen oder mehrere Dendriten, die Impulse von den Axonen anderer Nervenzellen empfangen und sie an den Zellkörper weiterleiten und ein Axon, der die Impulse an nachgeschaltete Nervenzellen weiterleitet.

Ein Netz von Blutgefäßen durchzieht das gesamte Nervensystem und versorgt für die Ernährung und Versorgung das Gewebe mit Sauerstoff;

Blutgefäße, Gliazellen (Neuroglia sitzen in großer Zahl im Nervengewebe, sorgen für die Ernährung der Nervenzellen, für Stoffaustausch und Entgiftung und gewährleisten ein konstantes „inneres Milieu") und Nervengewebe werden von einem System von extrazellulären Spalträumen umgeben, das eine Flüssigkeit, den Liquor cerebrospinalis enthält.

Elektrische Impulse werden nicht direkt von einem Axon auf nachgeordnete Nervenzelle übertragen. Die Kontaktstelle zwischen Axon und nachgeordneter Nervenzelle ist ein winziger Spalt, die Synapse oder der synaptische Spalt. Hier liegen sich die Membran des Axons und die Membran der nachgeordneten Nervenzellen gegenüber. Die Erregung wird am synaptischen Spalt mit Hilfe bio-chemischer Substanzen, den Neurotransmittern (Überträgerstoffe wie Adrenalin, Dopamin, Serotonin und Azetylcholin) übertragen bzw. inhibieren. Bisher sind erst wenige Neurotransmitter bekannt und erforscht.

Die Kybernetik des Gehirns ergibt sich aus Form und Inhalt, die Anatomie (Form/Struktur) und die Physiologie (Funktion) bedingen sich gegenseitig.

Das Zentralnervensystem (ZNS) setzt sich aus dem Gehirn als dem supra-spinalen Anteil und dem Rückenmark (Spina) als dem spinalen Anteil zusammen.

Das Gehirn läßt sich unterteilen in:
- Hirnstamm (Medulla, Pons, Mittelhirn)
- Zwischenhirn (Limbisches System, Hypothalamus etc.)
- Kleinhirn (Cerebellum)
- Großhirn (die beiden cerebralen Hemisphären) (Siehe Abb. 6, S. 15)

Das Rückenmark erhält über Haut und Muskeln all unsere Informationen und erteilt motorische Befehle. Das Rückenmark fungiert als eine Relaisstation (Zwischenstelle zur Weiterleitung von Impulsen) zwischen dem Gehirn und dem peripheren Nervensystem außerhalb des ZNS.

Das Rückenmark schließt an die Medulla oblongata (verlängertes Rükkenmark) an und verläuft im Wirbelkanal bis zu den Lendenwirbeln. Ab da verlängern sich Nerven als Schwanz (Cauda) das Rückenmark bis ins Kreuzbein.

Im Rückenmark transportieren die aufsteigenden (afferenten) Bahnen sensorische Inputs hoch zum Gehirn und leiten sie durch die absteigenden (efferenten) Bahnen an die Peripherie.

Bei einem Reflex wird das Gehirn sozusagen nicht informiert; da der Körper blitzschnell reagieren muß, wird die sensorische Information

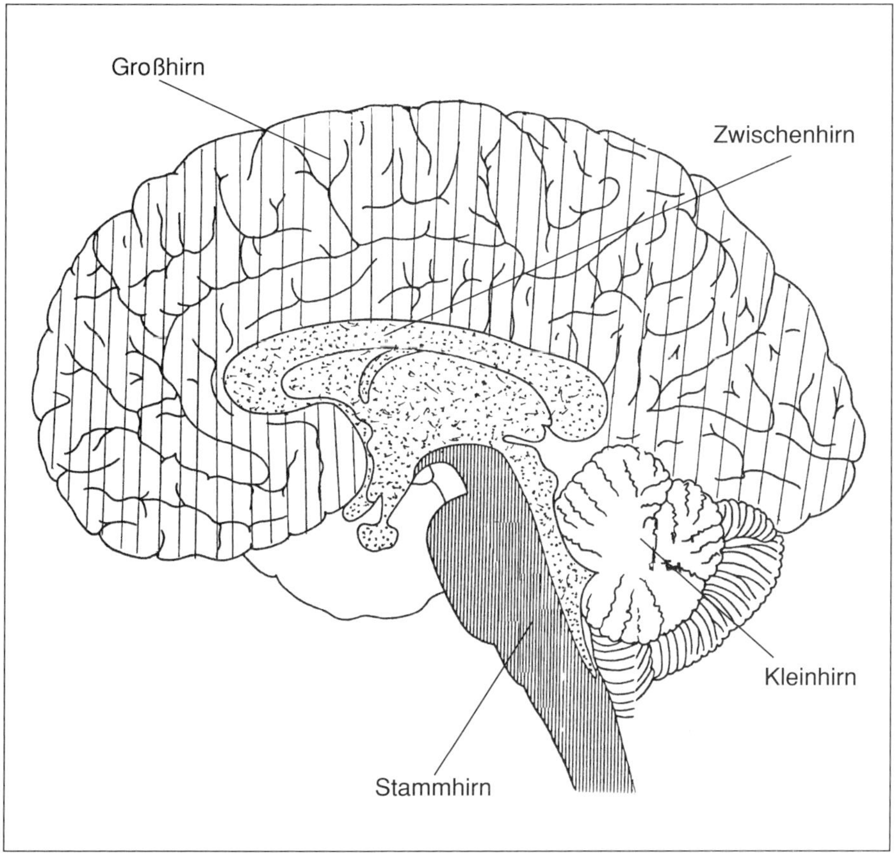

Abb. 6

gleich im Rückenmark umgesetzt und führt direkt über die Innervation motorischer Nerven des Rückenmarks zu einer Bewegung.

Alle vom Rückenmark verarbeiteten Informationen – die es von den sensibel-sensorischen Fasern des peripheren Nervensystems erhält – verlaufen über sensorische Nervenbahnen über die Formatio reticularis zum Hypothalamus, zum Kleinhirn, in die Großhirnrinde; überall wird geschaltet, umgeschaltet, selektiert, gesperrt, geprüft, gehemmt (Inhibition), weitergeleitet, gebahnt (Fazilitation), integriert und die Infos gehen dann als Antwort des Gehirns über die efferente Bahn wieder als motorische Reaktion zurück zur Peripherie.

Der Hirnstamm

Der Hirnstamm entwickelte sich vor mehr als 500 Millionen Jahren und ist damit der älteste Teil des Gehirns. Da er dem vollständigen Gehirn eines Reptils ähnelt, wird er auch als Reptilienhirn bezeichnet und wir werden noch sehen, daß es auch heute noch das Reptil in uns ist.

Dort, wo das Rückenmark in den Hirnstamm eintritt, verbreitert es sich in einen fingerbreiten Streifen, die Medulla (Mark). Durch die Medulla gehen alle Nervenfasern ins Rückenmark über; da sich diese Fasern in der Medulla oblongata überkreuzen, erklärt die Tatsache, daß eine Hirnhemisphäre die gegenüberliegende Körperhälfte kontrolliert.

Die meisten Hirnnerven verlassen bzw. erreichen das Gehirn im Bereich der Medulla sowie in der sich anschließenden Region der Brücke (Pons); darüber hinaus liegen mehrere lebenswichtige Zentren des autonomen Nervensystems, die Atmung, Herzschlag, Darmfunktion beeinflussen, im verlängerten Mark.

Die FORMATIO RETICULARIS, eine netzförmige komplexe Struktur, die wesentlich an der Verarbeitung von Sinnesreizen und deren Weiterleitung an das sensorische Zentrum der Hirnrinde beteiligt ist, zieht vom verlängerten Rücken (VR) bis zum Zwischenhirn. (Siehe Abb.7, S. 17)

Die Formatio reticularis ist ein retikuläres Aktivationssystem, eine Art „Alarmglocke des Gehirns"; sie hat analog dem Radio zwei „Knöpfe": einen Aktivierungsknopf, der sich seine „Frequenz" sucht, vergleichbar in etwa mit dem Sendersuchlaufknopf des Radios und einen Lautstärke-Regler.

Das leise Weinen des Babys läßt die Mutter hochschrecken und das gewaltige Donnern läßt sie weiterschlafen. Die Formatio reticularis arbeitet offensichtlich eng mit dem Limbischen System zusammen und ist von großer psychischer Bedeutung bzw. reagiert auf psychische Bedeutsamkeiten.

Die psychische Ausgeglichenheit scheint auch mit dem Hirnstamm zusammenzuhängen und nicht nur mit den „höheren" Regionen wie dem Limbischen System und der Großhirnrinde. Die oberen Teile der Formatio reticularis haben eine aktivierende Wirkung auf die sensorischen und motorischen Impulse, während der untere Teil eine hemmende Wirkung hat und Impulse eher inhibiert (hemmt, verringert, dämpft).

Für die Aufrechterhaltung des Wachzustandes ist ständiger In-put von Sinnesreizen notwendig, somit kontolliert die Formation reticularis auch den Schlaf-Wach-Rhythmus und den Helligkeitsgrad des Bewußtseins-Zustandes.

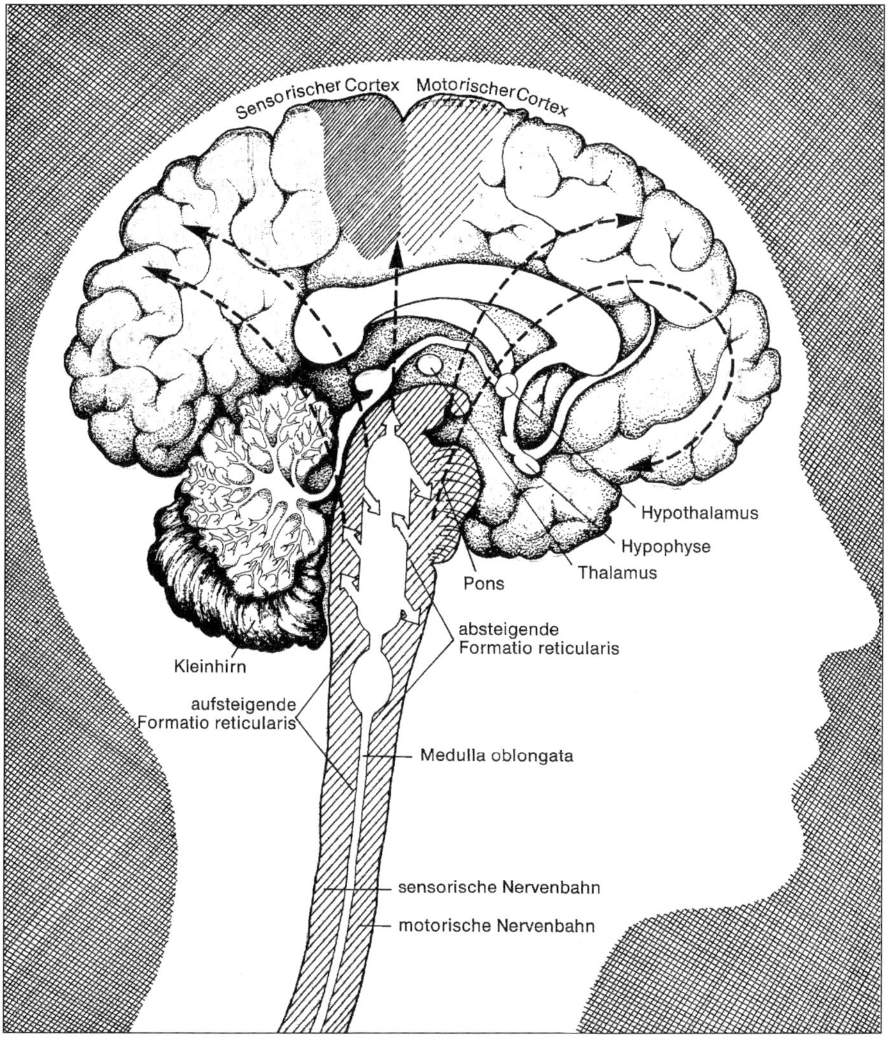

Abb. 7: Das retikuläre Aktivationssystem (RAS)...(aus: Charles Hampden-Turner: Modelle des Menschen. Beltz Verlag, Weinheim und Basel, ²1991)

Weiter stellt der Hirnstamm das Kreislauf-, Blutdruck- und Herzrhythmus-Kontroll-Zentrum dar und reguliert Verdauungs- und Entleerungsprozesse und ist – last not least – das Atemzentrum.

Die Brücke (Pons)

Unmittelbar oberhalb der Medulla befindet sich der zweite Teil des

Hirnstamms: der PONS. Tatsächlich ist in diesem Teil des Hirnstammes ein breites Faserband zu erkennen, das als Brücke zwischen Großhirn und Kleinhirn dient. Der Pons geht über in das Mittelhirn, der kleinsten Abteilung des Hirnstammes.

Mehrere Kerne von Hirnnerven, die eine Rolle bei der Nahrungsaufnahme und der Kontrolle der Physiognomie spielen, liegen ebenfalls im Bereich der Brücke.

Das Mittelhirn (Mesencephalon)

Im Mittelhirn ist die röhrenartige Struktur des Rückenmarks noch enthalten. Im unteren Mittelhirnteil finden sich Kerne für jene Hirnnerven, die die Augenbewegungen steuern, sowie alle auf- und absteigenden Stränge, die die oberen und unteren Bereiche des Gehirns miteinander verbinden.

Das Mittelhirn ermöglicht aufgrund vier kleiner Colliculi (Hügelchen) elementare Formen des Sehens und Hörens.

Das Kleinhirn (Das Cerebellum)

Das Kleinhirn ist das „blumenkohlartige Gewächs" in der Hinterhauptgrube; es unterstützt die motorischen Zentren bei ihrer Arbeit der Orientierung im Raum und der Koordination von Bewegung. Das ziselierte Kleinhirn ist in seiner Funktion – anscheinend – weitgehend geklärt.

Primär ist es für die Hemmung (Purkinje-Zellen) zuständig; es ist ein System von Verzögerungsapparaten.

Das Kleinhirn hilft bei
– der Fein-Steuerung der Körperbewegungen und -haltungen
– der Orientierung im Raum, Muskelspannung, Kraft-, Koordination.

Es hat aber auch den Anschein, als sei es eine Art Gedächtnis-Speicher für bestimmte Arten einfach erlernter motorischer Reaktionen.

Die Kleinhirnrinde und die Kernregionen erhalten In-puts vom Vestibularsystem – dem Gleichgewichtssystem des Innenohrs –, von den sensorischen Fasern des Rückenmarks, vom Hirnstamm, von Hör- und Sehzentren und aus verschiedenen Arealen der Großhirnrinde.

Vom Cerebellum aus ziehen motorische Fasern zum Thalamus, zum Hirnstamm und zu anderen Bezirken.

Eine Läsion oder Entfernung des Kleinhirns führt zu ruckartigen, unkoordinierten Bewegungen.

Da wir über senso-motorische Prozesse lernen, spielt das Kleinhirn eine nicht zu unterschätzende Rolle bei Lern- und Gedächtnisprozessen.

Das Zwischenhirn (Diencephalon) (Thalamus-Hypothalamus, Hypophyse)

Der Thalamus

Der Thalamus – das Wort stammt aus dem Griechischen und bedeutet „Liegebett" und tatsächlich liegen die beiden Hirnhemisphären auf ihm – ist der große Analysator auf dem Weg zur Großhirnrinde.

Mit Ausnahme des olfaktorischen Sinns werden alle Sinnesimpulse durch den Thalamus übermittelt.

Der Thalamus ist also ein Umschaltzentrum für körperliche Empfindungen; er verarbeitet die Infos von den sensibel-sensorischen Rezeptoren und den Sinnesorganen und sendet entsprechende Impulse an die sensorische Hirnrinde, die ihr Feedback an ihn liefert.

Andere Kerne des Thalamus, der auch „Tor zum Bewußtsein" genannt wird, scheinen neben der Formatio reticularis den Wach-Schlaf-Rhythmus und eben das Bewußtsein zu steuern. Diese Kerne stehen auch mit dem Limbischen System in Verbindung. An motorischen Vorgängen scheinen ebenfalls einige Thalamus-Kerne beteiligt zu sein.

Hypothalamus

Der Hypothalamus liegt unter dem Thalamus und ist phylogenetisch älter als das Limbische System.

Er besteht aus einer Gruppe von kleinen Kernregionen, die mit zahlreichen Gehirnarealen in Verbindung stehen.

Er reguliert Hormon-System und vegetative Prozesse und steuert den Wärme-, Elektrolyt- und Wasserhaushalt, den Stoffwechsel, den Blutkreislauf und die Nahrungsaufnahme.

Die Hypothalamus-Hormone steuern die Hypophyse, die Hirnanhangdrüse.

Hormone üben einen großen Einfluß auf so verschiedene Prozesse aus wie Wachstum, Kampf- oder Fluchtreaktionen, sexuelle Erregung und viele (oder alle?) psychischen Zustände.

Der Hypothalamus scheint neben und mit dem Limbischen System das Kontrollzentrum für Emotionen zu sein.

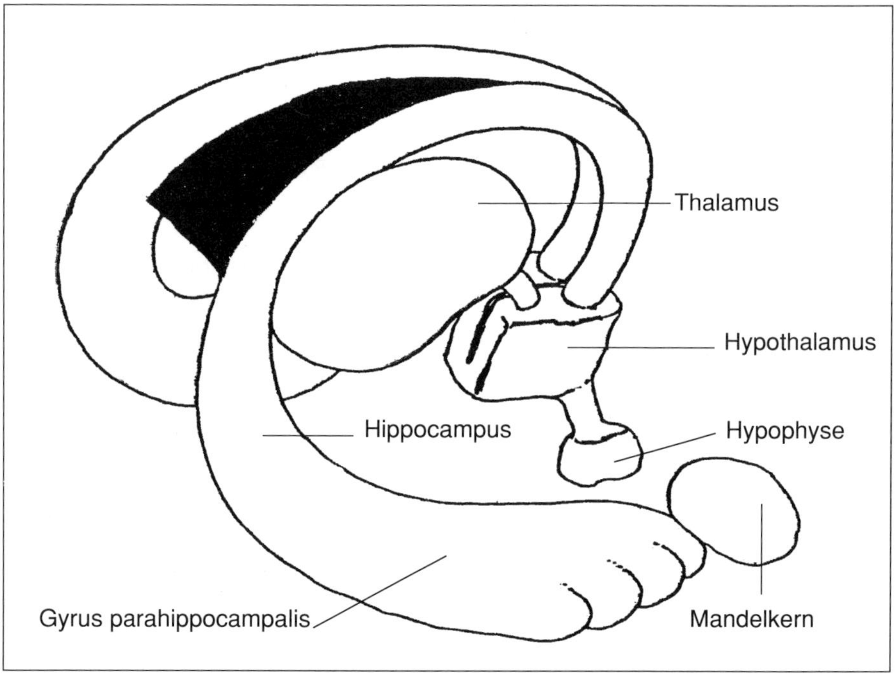

Abb. 8: Das limbische System mit Thalamus

Das Limbische System

Wichtige limbische Strukturen sind der Mandelkern (Amygdala) und der Hippocampus.

Mit den benachbarten Regionen des limbischen Cortex und der Regioseptalis unterhalten alle Areale Kontakte mit Teilen des Hypothalamus, des Thalamus und der Großhirnrinde.

Ursprünglich war das Limbische System das „RIECH-Hirn" und es entwikkelte sich in der Evolution als erster Teil des Vorderhirns.

Phylogenetisch gesehen ist unser Emotions-Zentrum – nämlich das Limbische System – ein olfaktorisches Zentrum.

Dieses Wissen der Menschheit drückt sich auch heute noch in dem Spruch aus: „Der/die kann ich nicht riechen."

Das limbische Vorderhirn beinhaltet auch heute noch das polare Standardrepertoire wie Angriff vs. Flucht, Rückzug vs. Paarung.

Heute scheint es gesicherte Erkenntnis zu sein, daß das Limbische System als komplexes Gebilde an der Entstehung der Emotionen und gefühlsbegleiteter Verhaltensweisen maßgeblich beteiligt ist.

Aufgabe des Limbischen Systems ist die Selbsterhaltung und die Arterhaltung; daneben werden auch die vegetativen Innervationen der inneren Organe, hormonale Prozesse, Gedächtnis- und Lernprozesse vom Limbischen System mitgesteuert.

Die Basalganglien

Die Aufgabe einer Gruppe von Hirnkernen, die Basalganglien genannt werden, ist nur ansatzweise geklärt.

Sie haben offensichtlich etwas mit der motorischen Kontrolle der Säuger, also auch der Menschen, zu tun.

Die auch Stammganglien genannten Schaltstellen motorischer Bahnen sind in unterschiedlichen Hirnarealen lokalisiert.

Das Großhirn (Telencephalon/Cerebrum)

Unterteilung in
- 2 Hemisphären (links/rechts)
- 4 Cortex-Lappen
- Assoziationsfelder
- Projektionsfelder

Die Projektionsfelder

a) der motorische Cortex
b) der sensorische Cortex

(Siehe Abb. 9, S. 22)

Die beiden cortikalen Projektionsfelder reichen sozusagen von Ohr zu Ohr, wobei der Motor-Cortex vor der zentralen Furche Richtung Stirn sitzt und der Senso-Cortex hinter der zentralen Furche in Richtung Hinterhauptlappen/Sehzentrum liegt.

Beide zusammen werden als Projektionsfelder – im Gegensatz zu den restlichen 3/4 des menschlichen Cortex, die Assoziationsfelder genannt werden – bezeichnet.

Der sensorische Cortex (Körperfühlsphäre) enthält die Repräsentation des Körpers – das über Körper-Sinne entstandene Bild vom Körper (Körper-Imago).

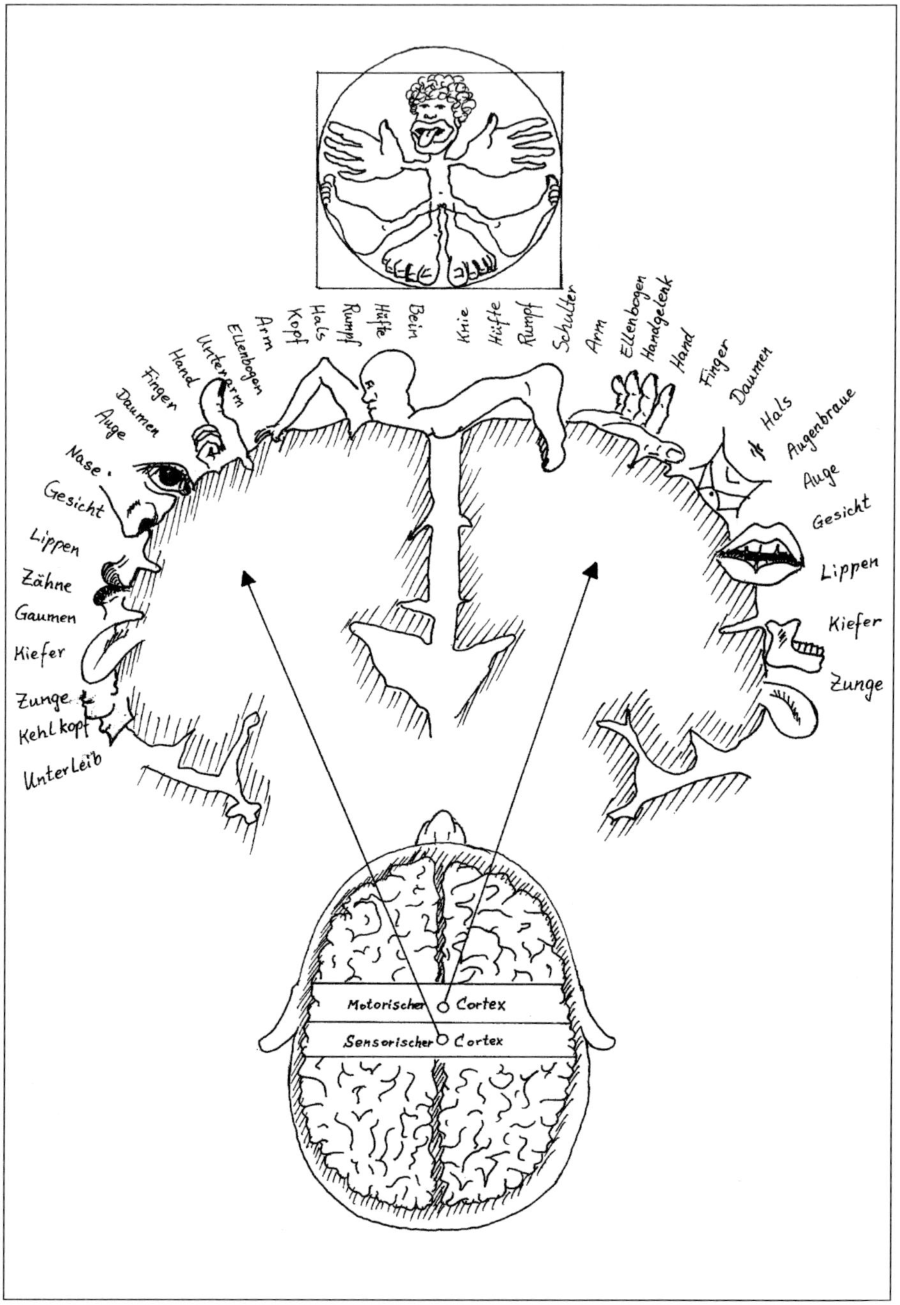

Unterleib
Kehlkopf
Zunge
Kiefer
Gaumen
Zähne
Lippen
Gesicht
Nase
Auge
Daumen
Finger
Hand
Unterarm
Ellenbogen
Arm
Kopf
Hals
Rumpf
Hüfte
Bein
Knie
Hüfte
Rumpf
Schulter
Arm
Ellenbogen
Handgelenk
Hand
Finger
Daumen
Hals
Augenbraue
Auge
Gesicht
Lippen
Kiefer
Zunge
Motorischer Cortex
Sensorischer Cortex

Abb. 9

Der motorische Cortex gibt die Bewegungsanweisungen an den Körper, nachdem er mit vielen anderen Hirnarealen kommuniziert hat.

Die in den Kopf projizierten Bilder (siehe Abb. 9) entsprechen dem Homunculus (kleiner Mensch), bei dem die für Sinne und Motorik besonders relevanten Teile in ihrer Größe überrepräsentiert sind.

Die Lippen und die Hände leisten z.B. „subtilere" Arbeit als der Rücken eines Menschen und ihre Empfindungsmöglichkeiten sind ebenfalls differenzierter.

Es scheint zu vereinfacht zu sein, bei dem Motor-Cortex von einem Areal zu sprechen, welches Bewegungen rein mechanisch initiiert; offensichtlich „denkt" der Motor-Cortex sich etwas und ist in ein kybernetisch-homöostatisches System eingebunden.

Der Motor-Cortex ist sensorisch wie der Senso-Cortex auch motorisch ist; ohne den jeweilig anderen Anteil wäre das zirkuläre System des menschlichen Organismus nicht denkbar.

Zwei wichtige motorische Systeme verlaufen aus dem Motor-Cortex in andere Hirnareale:

a) Die Pyramidenbahn
Vom Motor-Cortex ziehen Axone in die motorischen Regionen des Rükkenmarks hinunter.

b) Das extrapyramidale System
umfaßt alle anderen absteigenden motorischen Bahnen.

Die Pyramidenbahn scheint bei der Ausführung von geschickten Bewegungen eine große Rolle zu spielen; die extrapyramidalen Bahnen erfahren an den Basalganglien und anderen Kernen mehrfache Umschaltungen und es wird immer deutlicher, daß eine scharfe Abgrenzung zwischen den Systemen eher menschlichem Unterscheidungsbedürfnis als ihrer wirklichen Funktion zu entsprechen scheint.

Eine Zuordnung des Pyramidalsystems als Regelungsmechanismus der willkürlichen Motorik und des Extrapyramidalen Systems als Steuerungsmechanismus der unwillkürlichen Motorik ist zu simplifiziert, da beide Systeme sehr eng miteinander interagieren.

Die Assoziationsfelder

sind Teile des Cortex, die eher höheren integrierenden oder symbolischen Funktionen dienen als der direkten sensorisch-motorischen Verarbeitung.

Das Großhirn besteht aus mehreren Nervenzellschichten, die in mehr als 200 Rindenfelder mit speziellen Funktionen unterteilt werden. Cortex wird die vielfach gefaltete äußere Schicht des Großhirns genannt.

Mit zwei Hemisphären und vier Lappen präsentiert sich uns unser höchstes Bewußtseins-Organ: Hier scheinen Denk-, Bewußtseins-, Willens.-, Gefühls- (etc.) Prozesse ihren Sitz zu haben, wobei die Topographie des Gehirns zunehmend umstrittener ist und sich immer mehr eine holistische Sicht des Gehirns – das laut Hippokrates das Boten-Organ des Bewußtseins ist – durchzusetzen beginnt.

Da es leichter ist, sich einem komplexen Gebilde über eine Modellvorstellung zu nähern und das Gehirn das komplexeste uns bekannte Gebilde ist und zudem noch das Gehirn sich selbst analysieren muß, sei es uns auch zu Zeiten des Konstruktivismus und der kybernetischen Systemtheorie gegönnt, uns über ein leicht verständliches Modell vom Gehirn dem Erkenntnis-Organ zu nähern.

Die Cortex-Lappen

Der Cortex: jede Hemisphäre ist in vier „Kontinente“ unterteilt.

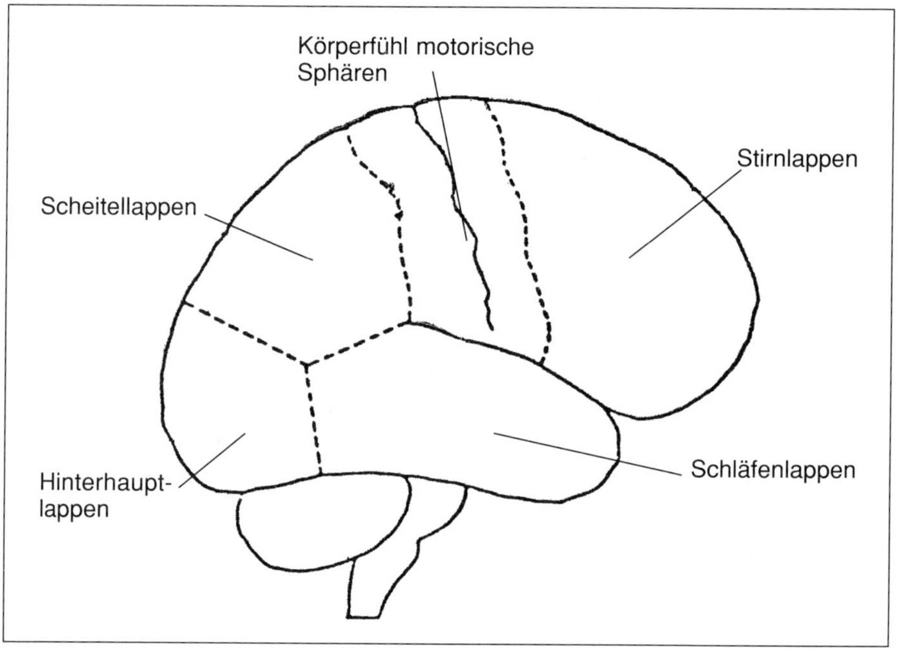

Abb. 10: Cortex-Lappen

Stirnlappen: Planen, Entscheiden, zielgerichtetes Verhalten, Praxie, Broca-Zentrum

Schläfenlappen: Hören, Bewußtwerdung von Empfindungen und Gedächtnis, Wernicke-Zentrum

Scheitellappen: Repräsentiert den Körper im Gehirn; scheinen der Ort zu sein, an dem wir unsere Welt zusammensetzen; wahrscheinlich werden hier Buchstaben zu Wörtern und die Wörter zu Gedanken zusammengefügt.

Hinterhauptlappen (mit Sehrinde): Die visuellen Informationen gehen von den Augen zur Sehrinde und werden dort auf Richtung, Position und Bewegung hin analysiert.

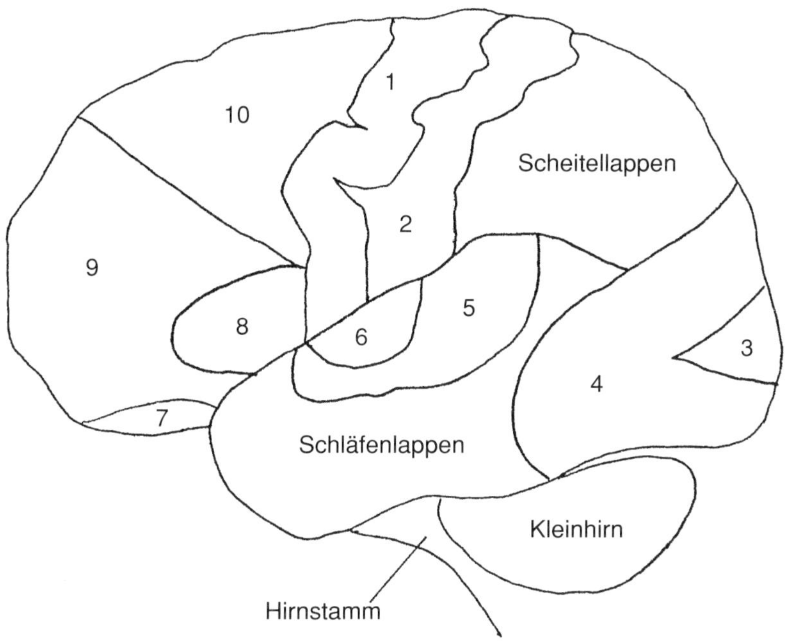

(1) motorische Rinde
(2) Körperfühlsphäre
(3) Sehzentrum
(4) Feld der Sehassoziationen
(5) Feld der Hörassoziationen
(6) Hörzentrum
(7) Riechzentrum
(8) Brocasches Sprachzentrum
(9) präfrontales Gebiet
(10) Antriebsfeld

Abb. 11

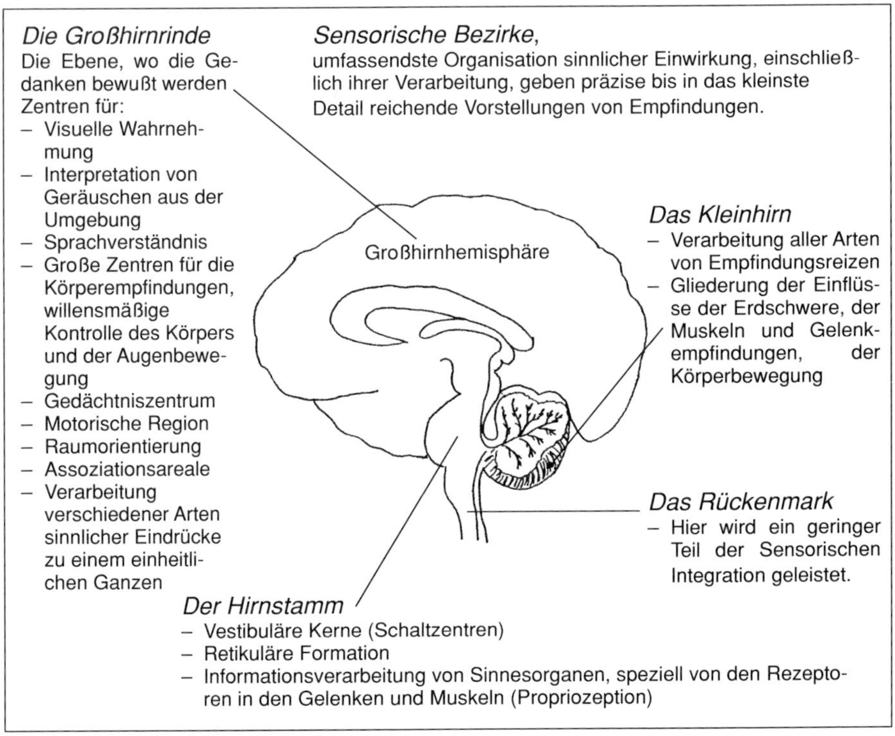
Die Großhirnrinde
Die Ebene, wo die Gedanken bewußt werden
Zentren für:
– Visuelle Wahrnehmung
– Interpretation von Geräuschen aus der Umgebung
– Sprachverständnis
– Große Zentren für die Körperempfindungen, willensmäßige Kontrolle des Körpers und der Augenbewegung
– Gedächtniszentrum
– Motorische Region
– Raumorientierung
– Assoziationsareale
– Verarbeitung verschiedener Arten sinnlicher Eindrücke zu einem einheitlichen Ganzen
Sensorische Bezirke,
umfassendste Organisation sinnlicher Einwirkung, einschließlich ihrer Verarbeitung, geben präzise bis in das kleinste Detail reichende Vorstellungen von Empfindungen.
Großhirnhemisphäre
Das Kleinhirn
– Verarbeitung aller Arten von Empfindungsreizen
– Gliederung der Einflüsse der Erdschwere, der Muskeln und Gelenkempfindungen, der Körperbewegung
Das Rückenmark
– Hier wird ein geringer Teil der Sensorischen Integration geleistet.
Der Hirnstamm
– Vestibuläre Kerne (Schaltzentren)
– Retikuläre Formation
– Informationsverarbeitung von Sinnesorganen, speziell von den Rezeptoren in den Gelenken und Muskeln (Propriozeption)

Abb. 12

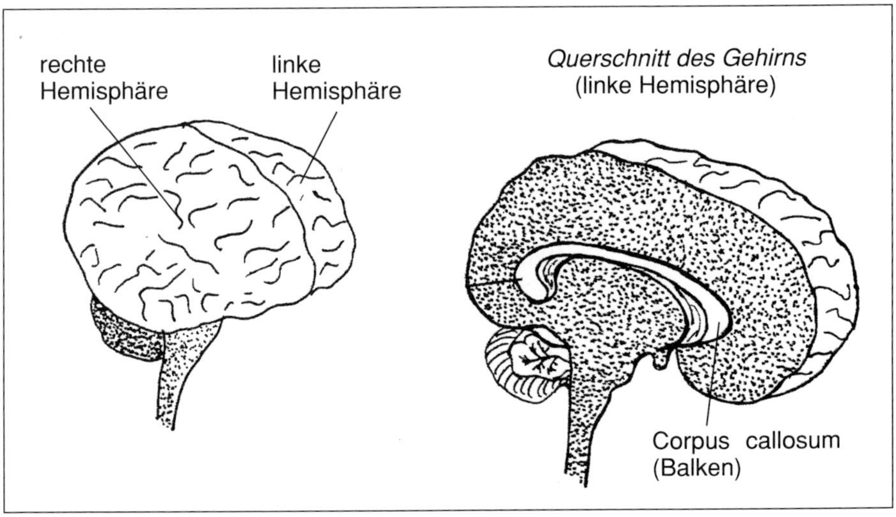
rechte Hemisphäre
linke Hemisphäre
Querschnitt des Gehirns
(linke Hemisphäre)
Corpus callosum (Balken)

Abb. 13

2.1 Lokalisation vs. Holismus

Lokalisation (reduktionistische Anatomie/Struktur) vs. Holismus (ganzheitliche Physiologie/Funktion, Anatomie/Struktur).

Über die Hirnkarten der Lokalisations-Anhänger unter den Wissenschaftlern werden wir in 100 Jahren genau so lächeln, wie über die Hirnkarten aus früheren Jahrhunderten.

Während die eine Gruppe der Wissenschaftler die Position vertritt, daß bestimmte Gebiete im Gehirn für bestimmte Aufgaben zuständig seien, geht die andere Gruppe von Wissenschaftlern von der holistisch-ganzheitlichen Funktions-Sichtweise aus. Das Ganze ist mehr als die Summe seiner Teile, benötigt aber seine Teile!

Wie wir durch die Verletzung der Broca und/oder Wernickeschen Sprachzentren wissen, tritt bei einer Läsion dieser Zentren die motorisch oder sensorisch genannte Aphasie auf.

Anatomie und Physiologie/Struktur und Funktion sind untrennbar aneinander gekoppelt. Die Form braucht den Inhalt und der Inhalt braucht die Form.

Im Rahmen der Lokalisationstheorie bestätigte sich, daß Wissenschaftler auch nur das sehen, erleben und erforschen, was ihr Bewußtsein sie sehen, erleben und erforschen läßt.

Als Paul BROCA in einer Sitzung der Pariser Anthropologischen Gesellschaft das Gehirn eines Patienten zeigte, der an einer – heute BROCA-APHASIE – genannten Sprachstörung litt, zeigte sich ein teilweise geschädigter Bereich von der Größe eines Hühnereis in der linken Hemisphäre (heute BROCA-Zentrum genannt). BROCA argumentierte gegenüber seinen Kollegen, daß die Sprachprobleme seines Patienten ihre Ursache in dieser Läsion in diesem Bereich der linken Hirnhemisphäre habe. 1906 untersuchte der französische Neurologe Pierre MARIE das Gehirn von BROCAS Patienten und fand weitreichendere Beschädigungen als die eng begrenzten, von der BROCA berichtet hatte; trotzdem ließ und läßt es sich bis heute nicht leugnen, daß Schädigungen gewisser Teile des Gehirns zu speziellen Funktionsstörungen führen. Allerdings muß auch heute der überzeugteste Lokalisations-Theorie-Anhänger eingestehen, daß sich z. B. auch in der rechten Hirnhemisphäre Zonen befinden, die mit Sprache und Sprechen zumindest „assoziiert“ sind.

Wenn wir das Gehirn reduktionistisch betrachten, scheint die Lokalisations-Theorie einleuchtend; betrachten wir es holistisch, ist die Ganzheits-Theorie die einzig vertretbare. „Je mehr wir über ZNS wissen, umso genauer können wir jene Hirnstrukturen und peripheren Systeme beschreiben, die für ein bestimmtes Verhalten verantwortlich sind. Die Kontroverse zwischen Lokalisationismus (jedem Verhalten ein „Hirnzentrum") und Antilokalisationismus (komplexes Verhalten ist nicht in einigen wenigen Hirnzentren lokalisierbar) scheint heute durch die Fakten beendet zu sein: Verhalten ist von der Funktionstüchtigkeit anatomisch oft weit auseinanderliegender Nervennetze abhängig, deren Verbindungen, Überträgerstof-

Holistische Theorie...

Das Gehirn als Ganzheit

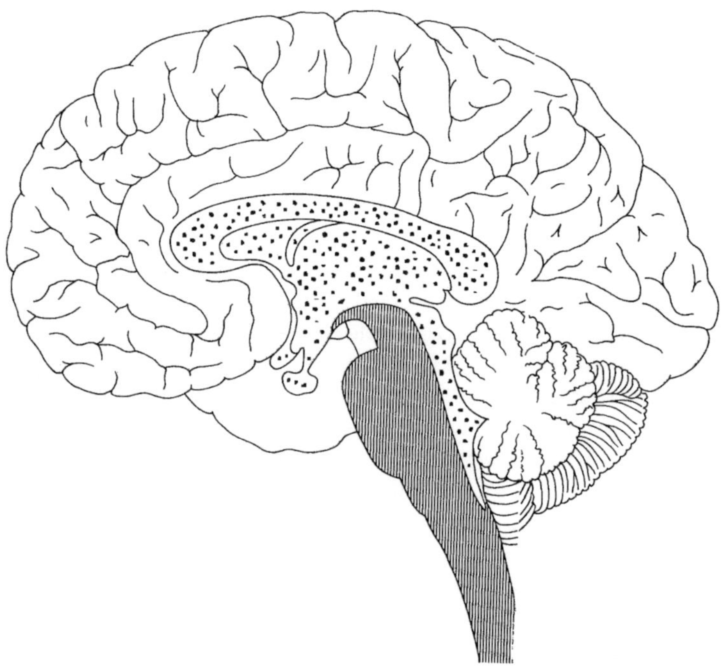

Abb. 14.1

fe und morphologischer Aufbau äußerst heterogen sein kann. Solche verhaltensspezifische Nervennetze sind in ihrer eigenen Aktivität von der Gegenwart spezifischer Umweltsituationen abhängig und von diesen und ihren Konsequenzen modifizierbar. Wir sprechen deshalb nicht mehr von einem „Hirnzentrum", sondern von dynamischen Knotenpunkten für ein bestimmtes Verhalten (LURIA 1970) oder von neuronalen Ensembles (neuronal assemblies)". (BIRNBAUMER/SCHMIDT 1990)

versus Lokalisations-Theorie

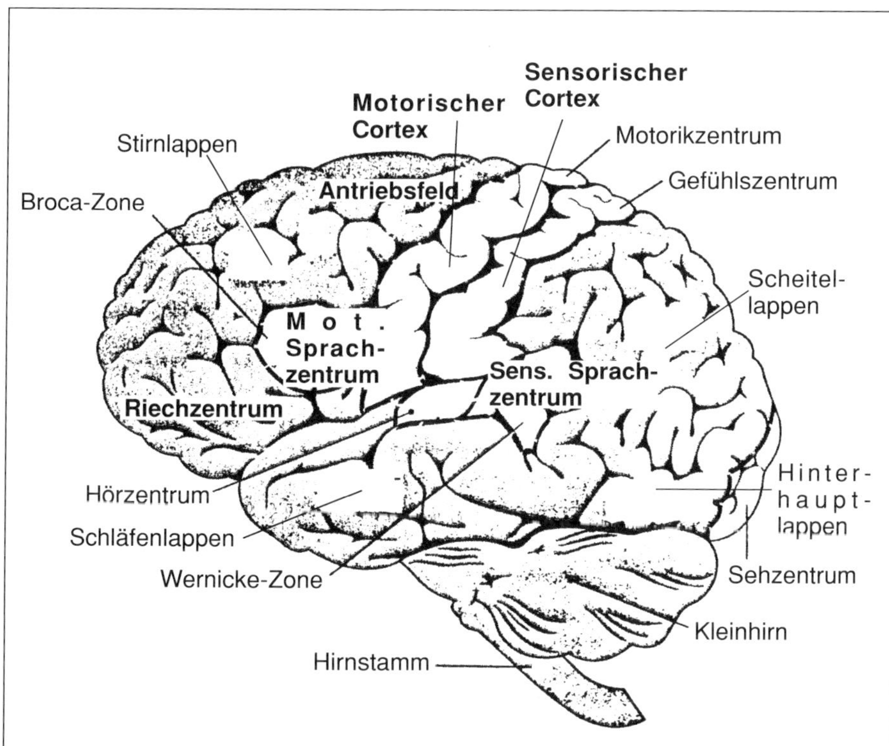

Abb. 14.2

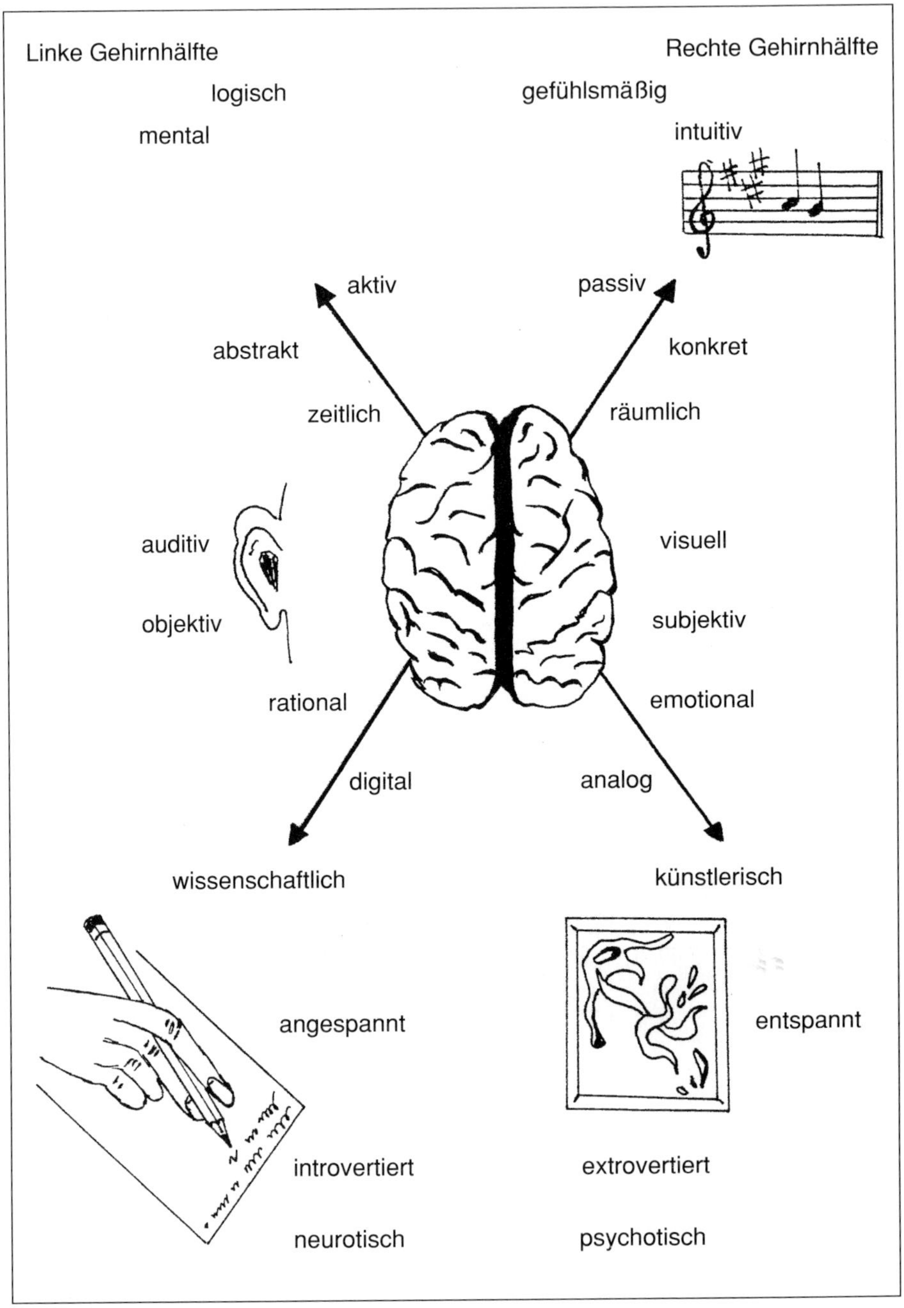

Linke Gehirnhälfte
Rechte Gehirnhälfte
logisch
gefühlsmäßig
mental
intuitiv
aktiv
passiv
abstrakt
konkret
zeitlich
räumlich
auditiv
visuell
objektiv
subjektiv
rational
emotional
digital
analog
wissenschaftlich
künstlerisch
angespannt
entspannt
introvertiert
extrovertiert
neurotisch
psychotisch

Abb. 15

3. Die Sensorische Integration (SI) oder der Mensch als Sensorische Verarbeitungsmaschine

3.1 Die Theorie der Sensorischen Integration

Das sensorische Integrationsmodell wurde von der amerikanischen Beschäftigungstherapeutin und Psychologin Jean AYRES entwickelt. Ausgehend von neurophysiologischen Modellen der Hirn- und Verhaltensforschung versucht diese Theorie, kognitive, emotionale und sensomotorische Störungen bei Kindern zu erklären.

AYRES (1984) bezeichnet als Sensorische Integration das sinnvolle Ordnen bzw. Aufgliedern von Sinneserregungen im Gehirn, so daß der Mensch sich und seine Umwelt genau wahrnimmt, zu Lernprozessen fähig ist und auf Umweltgegebenheiten angemessen reagieren kann (vgl. AYRES 1984, S. 37).

Störungen der Sensorischen Integration verursachen nach dieser Theorie bestimmte Arten von Lernstörungen, die durch eine Steigerung der Sensorischen Integration gemildert werden können.

Unter den Begriff Lernstörungen fallen nach AYRES Definition nicht nur Schwierigkeiten beim Lesen, Schreiben und Rechnen, sondern auch Verhaltensprobleme, wie Hyperaktivität, Ängstlichkeit und Störungen der sensomotorischen Funktionen. Das Ziel der sensorischen Integrationsbehandlung liegt nicht in der Beseitigung der Symptome, sondern in der Modifikation der neurologischen Dysfunktion, durch die die Lernstörung verursacht wird. Durch die Therapie wird die Hirnkapazität erweitert, d.h. das Gehirn entwickelt die Fähigkeit, besser wahrzunehmen, zu erinnern und motorische Schaltungen durchzuführen, woraus eine bessere Bewältigung aller schulischen und sonstigen Aufgaben resultiert (vgl. AYRES 1979, S. 1).

Was ist Sensorische Integration?

Eine Integration der Sinne ist bei den meisten Menschen ein normaler Prozeß, der nicht weiter zur Kenntnis genommen wird. Erst wenn es zu Störungen bei der Integration der Sinne kommt, kann es zu Auffälligkeiten kommen. (Siehe Abb. 17, S. 33)

Die Sensorische Integration steht im Zusammenhang mit dem Gehirn und dem Zentralnervensystem, daher müssen die wichtigsten Sinnessysteme integriert werden:

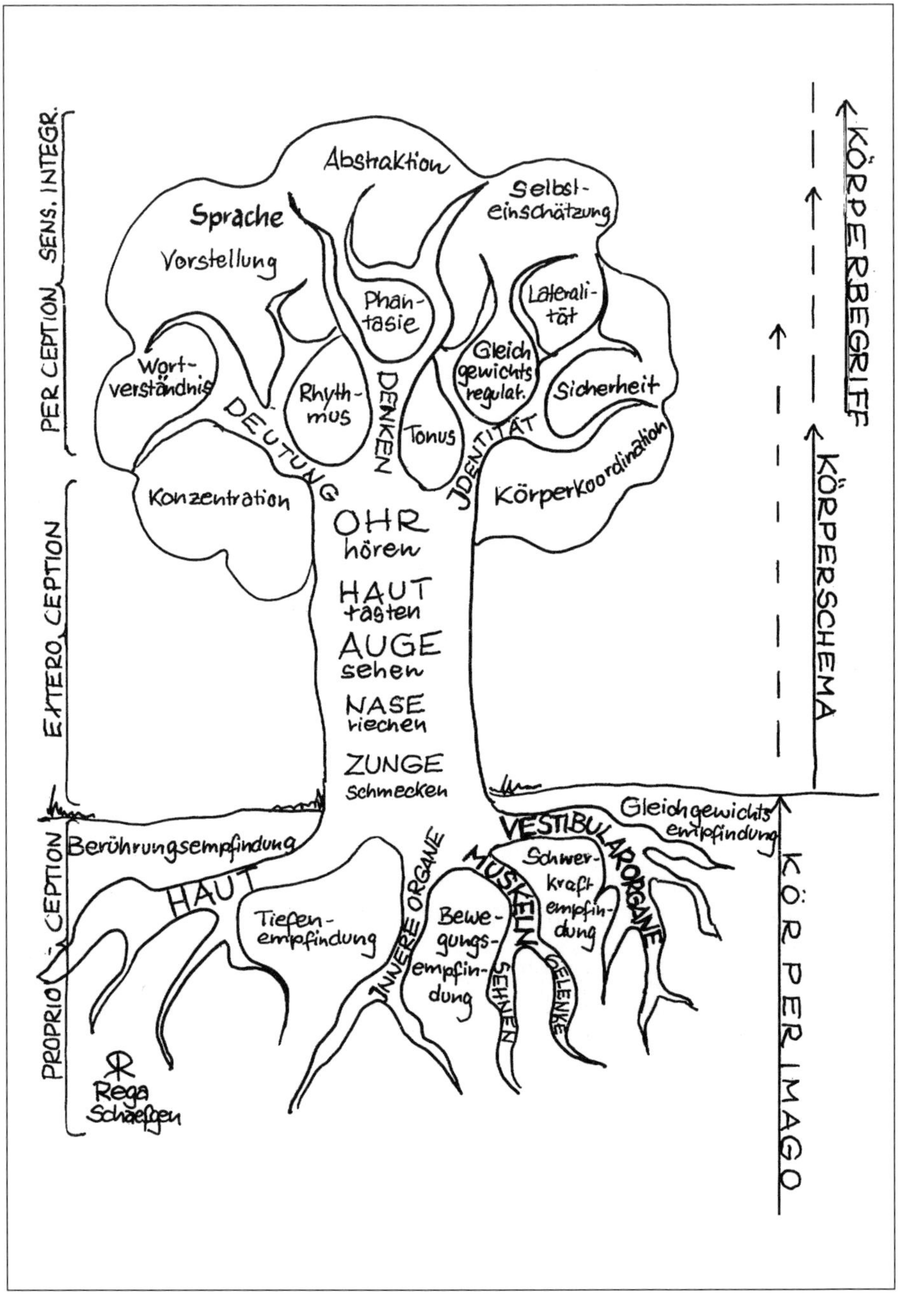

Abb. 16: Wahnehmungsentwicklungsbaum

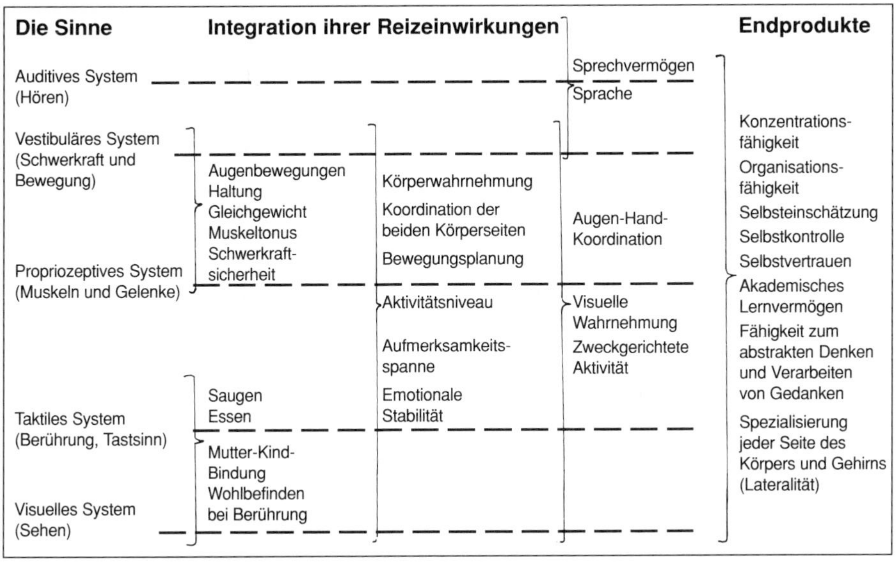

Abb. 17: Die Sinne, Integration ihrer Reizeinwirkungen und ihre Endprodukte (aus: Ayres, Bausteine der kindlichen Entwicklung, 1984, S. 84).

1. Das vestibuläre System (Gleichgewichtssinn)
2. Das taktile System (Berührungssinn)
3. Das propriozeptive System (Tiefenwahrnehmung)
4. Das auditive System (Hörsinn)
5. Das visuelle System (Sehsinn) 6. und 7. gustatorische und olfaktorische Sinne (Schmecken und Riechen)

Der Prozeß der Integration ist das Ordnen der Sinnesempfindungen, um sie in geeigneter Form gebrauchen zu können.

„Integration stellt eine Art von Sichorganisieren dar. Etwas zu integrieren heißt, die unterschiedlichsten Teile zu einem Ganzen zusammenzubringen. Wenn etwas ‘integriert’ ist, arbeiten alle seine Teile als Einheit zusammen“ (AYRES, 1984, S. 5). Als Teile, die als Einheit zusammenarbeiten, ist ein neuraler Prozeß gemeint, der das Nervensystem betrifft. Das Nervensystem ist in der Lage, eine geordnete Reihenfolge einer sinnlichen Empfindung zum Gehirn zu leiten und dort die Empfindungen weiterzuverarbeiten.

Im Gehirn treffen die verschiedensten Empfindungen zusammen und werden dort geordnet. Der Begriff „Ordnen“ ist bei der sensorischen Integration von großer Bedeutung. „Die Integration der Sinne ist das Ordnen der Empfindungen, um sie gebrauchen zu können“ (AYRES, 1984, S. 6). Die

Sensorische Integration ist der Prozeß einer Verarbeitung von Sinnesempfindungen, diese Verarbeitung ermöglicht es uns, alles „zusammenzubringen" und uns in einer angemessenen Weise zu verhalten. „Die Verarbeitung ermöglicht das Lernen. Reize, Geräusche, Gegenstände, Personen werden nur dann wahrgenommen, wenn sie eingeordnet werden können, wenn sie für den Betreffenden eine Bedeutung haben. Alles andere wird leicht übersehen, überhört, nicht wahrgenommen oder schnell wieder vergessen. Die Einzelinformationen der Sinne müssen verglichen, verändert, in der richtigen Reihenfolge, an den richtigen Platz gebracht werden, wie Teile eines Puzzlespiels" (AUGUSTIN, 1989, S. 13).

Dazu ein Beispiel: Vor uns liegt eine Zitrone: Die Information, daß die Zitrone gelb ist, eine gewisse Form hat, eine Schale hat, vermutlich sauer schmecken wird, aber auch saftig ist, aus einzelnen Spalten besteht und daß dieses Ding Zitrone genannt wird, ist ein Endprodukt einer sensorischen Integration. Unsere erste Erfahrung mit einer Zitrone hat unsere Sinnesorgane veranlaßt, verschiedene Reize durch die Sinnesorgane aufzunehmen und zu verarbeiten. Alle Einzelinformationen müssen aufgenommen, geordnet und verarbeitet werden, damit aus vielen Teilen ein Ganzes (Endprodukt) entstehen kann. Die Zitrone veranlaßt eine Aufnahme verschiedener Reize durch die Sinnesorgane:

Das Auge:
„Das Auge nimmt Lichtreize wahr. Es erfaßt Farbe... Form, Raum..." der Zitrone (AUGUSTIN; 1989, S. 5).

Die Nase:
Die Nase nimmt den Geruch der Zitrone auf.

Die Zunge:
„Auf der Zunge befinden sich die Geschmackspapillen. Chemische Substanzen in den verschiedenen Nahrungsstoffen enthalten, werden wahrgenommen. Wir bzw. die Zunge nimmt süß, sauer, salzig und bitter wahr. Die verschiedenen Nuancen entstehen durch die Mischung" (AUGUSTIN, 1989, S. 5).

Die Haut:
Die Haut nimmt durch die Berührung mit der Zitrone die Temperatur, die Festigkeit und Oberflächenstruktur der Zitrone auf.

Das Gleichgewichtsorgan:
Das Gleichgewichtsorgan teilt uns ständig mit, ob wir die Zitrone im Stehen, Sitzen oder im Liegen betrachten, da es auf jede Haltungsänderung reagiert.

Das Ohr:
Das Ohr nimmt Schallwellen auf, die das Innenohrreizen. Die Reize werden weitergeleitet und verarbeitet. Als Endprodukt können wir hören, wie die Zitrone z.B. ausgepreßt wird.

Die Gelenke und Muskeln:
Die Gelenke und Muskeln vermitteln durch die Rezeptoren, in welcher Stellung sich z.B. die Arme und Hände befinden, wenn wir die Zitrone auspressen wollen und wieviel Kraft wir dafür aufwenden müssen (Tiefenempfindung).

Alle Informationen müssen im Gehirn zusammengesetzt werden, um die Zitrone als Ganzes zu erkennen und eine Koordination des Körpers zu ermöglichen. Die Zitrone löst Empfindungen aus. „Empfindungen sind Ströme von elektrischen Impulsen. Biochemische Prozesse sind in die Erzeugung von Impulsen einbezogen. Diese Impulse müssen integriert werden, damit sie eine Bedeutung erhalten. Die Integration führt Empfindungen in die Wahrnehmung über" (AYRES, 1984, S. 7). Reize sind Energien aus der Umwelt oder dem Körperinneren, die auf Sinnesorgane einwirken, als Empfindung bezeichnet man die Folge der Einwirkung eines Reizes auf ein Sinnesorgan und Wahrnehmung ist der Prozeß und das Ergebnis der Informationsgewinnung und Verarbeitung von Reizen. Pro Sekunde treffen viele Millionen Bits auf die Sinnesrezeptoren: der größte Teil wird (psycho-) physiologisch herausgefiltert.

Wir sind in der Lage durch die Empfindungen eine Zitrone „wahrzunehmen" (jedenfalls scheint es erst einmal so), d.h. wir können eine Zitrone als „Ganzes wahrnehmen": Zitrone = gelb, saftig, sauer usw.. Wenn wir uns vorstellen, wir müßten jedesmal erst eine Zitrone sehen, anfassen, riechen, schmecken, um herauszufinden, ob es sich um eine Zitrone handelt, wäre dies sehr mühsam für uns. Das Gehirn ist in der Lage, durch die Empfindungen, die zu einer Wahrnehmung führen und im Gehirn zu Bewußtsein gebracht werden, auch dort in Erinnerung zu behalten (Gedächtnis). Dies macht es uns das nächste Mal, wenn wir wieder eine Zitrone betrachten, leichter, uns z.B. an den Geschmack zu erinnern, ohne sie probieren zu müssen.

Wie zuvor beschrieben, versetzt uns die Sensorische Integration in die Lage, eine Zitrone als „Ganzes" zu erfassen, ohne sie sehen zu müssen. In unserer Erinnerung kann sie haften bleiben, und wir können Aussagen über die Gesamtheit der Zitrone treffen (ohne den zuvor beschriebenen Prozeß jedesmal durchlaufen zu müssen). „Sensorische Integration ist die sinnvolle Ordnung und Aufgliederung von Sinnesregungen im Gehirn, um diese nutzen zu können. Die Nutzung kann in einer Wahrnehmung oder Erfassung des Körpers und der Umwelt bestehen; sie kann sich in angemessenen Handlungen und Reaktionen äußern. Die Bereiche des Zentralnervensystems, die für eine sinnvolle, befriedigende Auseinandersetzung des Individuums mit seiner Umgebung nötig sind, wirken integrierend zusammen" (SEILER, 1988, S. 118). Im Gehirn werden die Sinnesempfindungen aufgegliedert und entsprechend verarbeitet, um evtl. bewußt wahrgenommen zu werden. Zuvor müssen die Sinnesempfindungen zum Gehirn geleitet werden.

Das Gehirn ist so beschaffen, daß es als „Ganzes" zusammenarbeiten kann. Damit das Gehirn als „Ganzes" zusammenarbeiten kann, ist eine fliessende Verarbeitung von Sinneseindrücken notwendig. Die Neuronen müssen gereizt werden, damit sie Verbindungen herstellen können. Eine Sensorische Integration entwickelt sich, wenn die Sinnessysteme aktiviert werden. Die Bewegung, der sich ein Kind aussetzt und die dadurch erzeugte Reizung der Sinnesorgane regen Neuronen und Synapsen an, sensorisch und motorisch zu arbeiten. Je mehr die Nervenverbindungen benutzt werden, desto leichter und schneller können neue Impulse integriert werden und im Gedächtnis bleiben. Körperbewegung, der Gebrauch der Hände, Sprache usw. können koordiniert und sinnvoll gebraucht werden. „Wichtig ist, daß die Sinnesinformation eindeutig erfolgt, so daß ihre Aufnahme im Gehirn gewährleistet ist. Das bedeutet, daß keine modalen Aufnahmestörungen bestehen dürfen. Darüber hinaus muß die Information, nachdem sie das Gehirn in einwandfreiem Zustand erreicht hat, in geeigneter Weise verarbeitet werden können, um adäquat und für die Umwelt des Kindes verwertbare Reaktionen auszulösen" (FLEHMIG, 1988, S. 70).

Die Sensorische Integration passiert im Gehirn; durch eine gute Reifung der sensorischen Integration wird eine gesunde Reifung des Körpers, des Geistes und des Psychischen möglich. „Das Gehirn ist offensichtlich die biologische Grundlage für eine geordnete psychisch und geistige Entwicklung. Diese kann nicht stattfinden, ohne die Sensorische Integration der Sensomotorik mit visueller und akustischer Wahrnehmung, mit Zusammenschaltung der Systeme des vegetativen und limbischen Systems" (FLEHMIG, 1988, S. 72).

Beim Neugeborenen sind alle Sinnesorgane bereits funktionsfähig, und es ist in der Lage, allgemeine motorische Aktivitäten und gezielt auslösbare Reflexe auszuführen. Die Wahrnehmungen aus den einzelnen Sinneskanälen und die motorischen Aktivitäten des Säuglings sind jedoch noch ziemlich ohne Bezug zueinander. Nach KEPHART (1977) ist es aber wichtig, daß die Informationen der einzelnen Sinneskanäle eine gemeinsame Information ergeben; kein Kanal sollte Informationen unabhängig von anderen liefern (vgl. KEPHART, 1977, S. 43). Die Verknüpfung der Informationen der einzelnen Sinneskanäle bildet sich zunehmend nach der Geburt, wodurch das Kind immer komplexere Wahrnehmungsleistungen und Anpassungsreaktionen vollbringen kann.

Dieser Prozeß der zunehmenden Integration von Reizeinwirkungen der unterschiedlichen Sinnessystems entwickelt sich primär in den ersten 10 Lebensjahren eines Kindes, wodurch das Kind ein immer differenzierteres Bild von seinem Körper und seiner Umwelt erhält. Fähigkeiten wie Selbstkontrolle, Selbsteinschätzung, Konzentrationsfähigkeit, Lateralität, Lernen und abstraktes Denken „stellen sich nicht automatisch ein. Sie sind das Endergebnis vieler Jahre der Entwicklung und der Reizverarbeitung im Gehirn" (AYRES 1984, S. 85).

AYRES (1984) unterscheidet *vier Ebenen* der sensorischen Integration, wobei eine Ebene auf der anderen aufbaut. In der dargestellten Tabelle wird deutlich, wie sich die Sinnesintegration beim Menschen entwickelt. (Siehe Abb. 18, S. 38)

Auf dem *ersten Entwicklungsniveau* werden die vom taktilen System aufgenommenen Berührungsreize miteinander verbunden, damit das Kind saugen und essen, Berührungen als angenehm empfinden und die Mutter-Kind-Bindung aufbauen kann. Die Integration vestibulärer und propriozeptiver Informationen ermöglicht dem Kind gut koordinierte Augenbewegungen, Haltung, Muskeltonus, Gleichgewichtsfähigkeit und Schwerkraftsicherheit (vgl. AYRES 1984, S. 85).

Auf der *nächsten Ebene* werden die Reize des vestibulären, propriozeptiven und taktilen Systems (= Grundsinne) miteinander verknüpft, wodurch sich u.a. die Aufmerksamkeitsspanne, Bewegungsplanung und Körperwahrnehmung ausbilden und die beiden Körperseiten koordiniert werden können.

Die *dritte Ebene* der sensorischen Integration bezieht nun auch die optischen und akustischen Reize mit in den Verarbeitungsprozeß ein. Durch die Verbindung vestibulärer und akustischer Reize mit der Körperwahrnehmung ist das Kind nun fähig, Sprache zu verstehen und zu erlernen. Das Zusammenspiel von optischen Reizen, mit denen der Grundsinne ermöglicht, exakte und detaillierte optische Wahrnehmung und die Augen-Hand-Koordination, wodurch das Kind sich z.B. eine Jacke anziehen, sich Milch eingießen, malen oder mit Legos bauen kann (vgl. AYRES, 1984, S. 86).

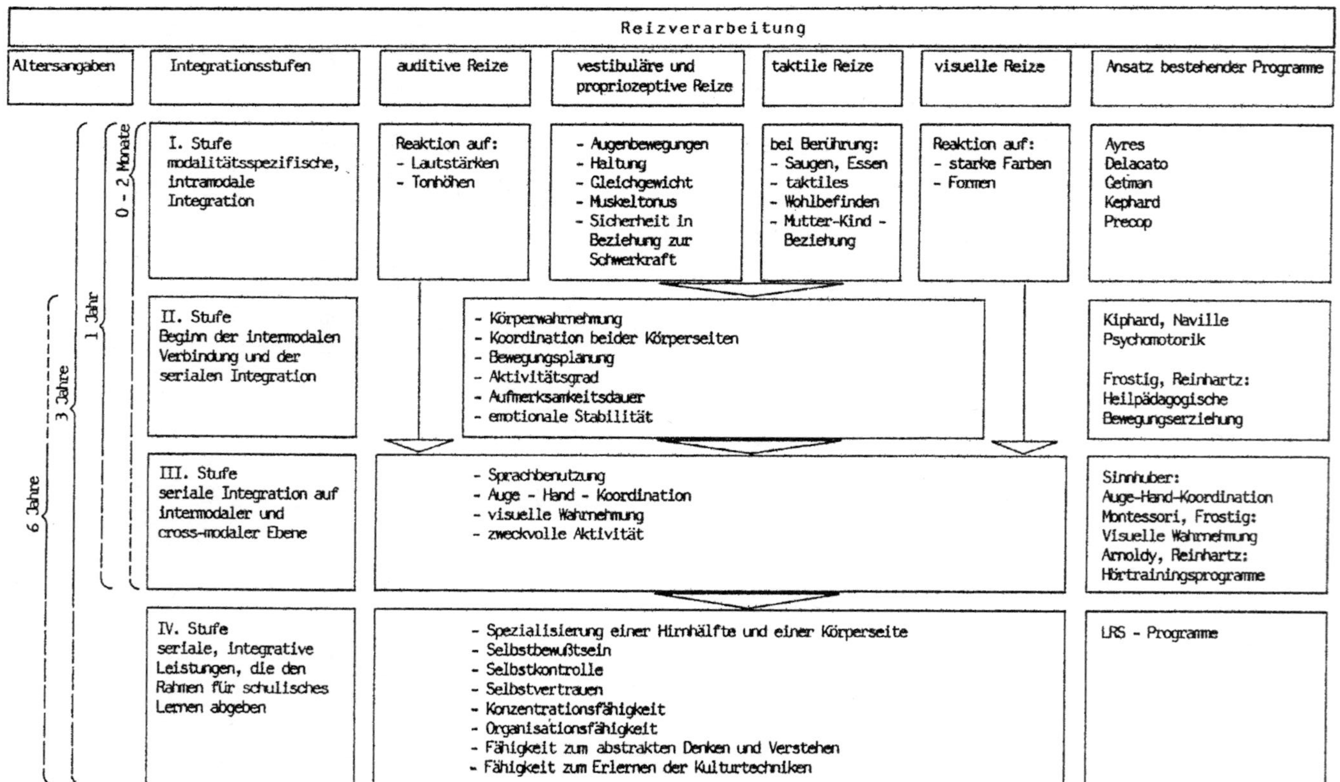

Abb. 18: Entwicklung integrativer Prozesse als eine Voraussetzung höherer psychischer Funktionen, modifiziert nach AYRES (1984), MILZ (1982) und AFFOLTER (1975) (aus: Brand et al. 1988, S. 149)

Auf der *vierten Entwicklungsebene* werden die Reize aus allen Sinneskanälen integriert. Sie stellen die Endprodukte der Verarbeitungsprozesse, die auf den ersten drei Niveaus stattfanden, dar.

„Selbstachtung, Selbstkontrolle und Selbstvertrauen entwickeln sich in dem Bewußtsein, daß der Körper als ein zuverlässiges sensomotorisches Gebilde existiert und rühren von einer guten Integration des Nervensystems her" (AYRES 1984, S. 86).

Auf eine Zuordnung von Altersangaben zu den Integrationsstufen wurde verzichtet, da sich das Kind während seiner gesamten Kindheit mehr oder weniger auf allen Integrationsstufen betätigt. Mit zunehmendem Alter werden immer mehr Integrationsstufen in den Verarbeitungsprozeß des Gehirns einbezogen; das Kind lernt die gleichen Dinge immer wieder, erst beim Krabbeln, dann beim Laufen und später beim Stelzenlaufen (vgl. AYRES 1984, S. 86).

Störungen der sensorischen Integration haben um so stärkere Auswirkungen, je niedriger das beeinträchtigte Entwicklungsniveau ist. Liegt die Störung auf der ersten Integrationsebene, und zwar in der Fähigkeit, propriozeptive und vestibuläre Informationen zu verbinden, sind die Schwerkraftsicherheit und Haltereaktionen des Kindes beeinträchtigt, wodurch Bewegungen steif und ungleichmäßig wirken (vgl. AYRES 1984, S. 88). Auf dem zweiten Niveau kann dadurch die Körperwahrnehmung und die Aufmerksamkeitsspanne auffällig sein. Das Kind bewegt sich ständig auf dem Stuhl unruhig hin und her, da seine Körperwahrnehmung ihm nicht die nötigen Informationen über die Stellung seiner Körperteile liefert. Dadurch fällt es dem Kind schwer, seine Aufmerksamkeit oder Tätigkeit gezielt auf etwas zu richten (vgl. AYRES 1984, S. 90). Auf der dritten Ebene ist daher z.B. die Fähigkeit, zweckgerichtete Aktivitäten auszuführen, gestört.

So, wie die hier beschriebenen Entwicklungsniveaus der sensorischen Integration aufeinander aufbauen und die komplexen Leistungen der 4. Stufe vom optimalen Funktionieren der „niedrigeren" abhängig ist, verhält es sich auch mit der Verarbeitung von Sinnesreizen in den Hirnstrukturen. Auch hier sind die komplexen Leistungen der Großhirnrinde abhängig von der intakten Verarbeitung der niedrigeren Ebenen, insbesondere von Hirnstamm und Thalamus. Die sensorische Integrationstherapie zielt daher auf eine Förderung der Hirnstamm- und Thalamusfunktionen ab, die der ersten Integrationsstufe entsprechen, da „die Möglichkeiten zur Behebung durch eine kognitive Annäherung begrenzt" (AYRES 1979, S. 40) sind.

Optimale sensorische Integrationsprozesse sind aber nicht nur von den Entwicklungsbedingungen abhängig, sondern auch von den verschiedenen Funktionsprozessen des Gehirns, die im folgenden dargestellt werden.

Das Gehirn funktioniert durch Zusammenschalten vieler Hirnareale im wesentlichen als Ganzes, was als Interdependenz der Gehirnstrukturen bezeichnet wird. Keine Struktur arbeitet unabhängig von den anderen, sondern ist beim optimalen Funktionieren vom störungsfreien Arbeiten der anderen abhängig. Die Funktionsniveaus des Gehirns stehen in ständiger Interaktion und sind aufeinander angewiesen (vgl. BRAND et al. 1988, S. 21).

AYRES (1984) gibt dazu folgendes Beispiel: Verarbeitet der Hirnstamm die grundlegenden taktilen, akustischen und optischen Eindrücke nicht in geeigneter Weise, so ist die Hirnrinde auch nicht in der Lage, präzise taktile, auditive und visuelle Wahrnehmung auszubilden (vgl. AYRES 1211984, S. 54).

Eine weitere wichtige Funktion des sensorischen Interakts stellt nach AYRES (1979) die Assoziation zwischen den Sinnen dar. Hierbei laufen sensorische Informationen aus verschiedenen Sinnessystemen in den konvergenten Neuronen oder Kernen auf einem Hirnniveau zusammen, wo sie miteinander in Verbindung gesetzt, neu geordnet und verbessert und somit zu einer Wahrnehmung zusammengefaßt werden; es entstehen qualitativ neue Informationen. Einige konvergente Neurone und Kerne sind auch in der Lage, einlaufende Reize zurückzuweisen, was die Basis für Integration darstellt (vgl. AYRES 1979, S. 22).

Die Assoziation der Sinne erfolgt auf allen Hirnebenen, in besonderem Maße ist sie aber in der Formatio reticularis zu beobachten (vgl. AYRES 1979, S. 22).

Zu den bedeutenden Mechanismen der sensorischen Integration zählt außerdem die Bahnung und Hemmung sensorischer Informationen. Nicht alle von den Sinnesmodalitäten aufgenommenen Informationen können vom Gehirn verarbeitet werden: „Ohne ausreichende Hemmung würden sich sensorische Impulse wie ein Steppenbrand durch das Nervensystem ausbreiten“ (AYRES 1984, S. 64) und unser Gehirn wäre von den Informationen überwältigt. Aus diesem Grunde sorgt ein Mechanismus dafür, daß wichtige Informationen bevorzugt weitergeleitet (= gebahnt) und andere abgeblockt (= gehemmt) werden. Kinder mit Lern- und Verhaltensstörungen weisen oftmals eine ungenügende Hemmung der einlaufenden Informationen auf, was zu enthemmten Verhalten, Hypersensitivität für Ereignisse, unzureichender Wahrnehmung und Ungeschicklichkeit führen kann (vgl. AYRES 1979, S. 24). Durch zu starke Hemmung gelangen zu wenig

Informationen ins Bewußtsein, das Kind ist z.B. vestibulär unterempfindlich. In beiden Fällen erhält das Kind keine genauen Informationen über seine eigenen Aktivitäten. Kinder mit Störungen in diesem Bereich merken z.B. nicht, wie sie im Umgang mit leicht zerbrechlichen Gegenständen diese durch ungeschickte Handhabung kaputt machen oder beim Balancieren auf einer Mauer das Gleichgewicht verlieren. Aus diesem Grunde können sie keine adaptiven Reaktionen ausbilden (vgl. AYRES 1979, S. 25/26).

Weiterhin hat die Bewegung des Kindes bedeutenden Einfluß auf die Entwicklung des Gehirns. Wahrnehmung und Bewegung stehen in engem Zusammenhang: Das Kind sammelt Umwelterfahrungen, insbesondere durch die unterschiedlichsten Bewegungen seiner Körperteile. Hierdurch gelangen aus den einzelnen Sinnessystemen Informationen ins Gehirn, die geordnet, verarbeitet und verknüpft werden. Dadurch kann das Gehirn adaptive Reaktionen bilden, die i. d. R. wiederum mit Bewegung verbunden sind (vgl. BRAND et al. 1988, S. 21/28; AYRES 1979, S. 27).

Die einzelnen Entwicklungsschritte im Überblick

Vom 1. bis zum 3. Monat

Im ersten Lebensmonat kann ein Kind nur wenige Empfindungen seines Körpers deuten und reagiert überwiegend mit Reflexbewegungen. Viele Bewegungen sind zufällig, sie sind jedoch Voraussetzung für spätere gut koordinierte Bewegungen (vgl. BRAND et al. 1988, S. 40; AYRES 1984, S. 22).

Nach MUSSEN/CONGER/KAGAN (1976) ist die Entwicklung der motorischen Fähigkeiten durch drei Entwicklungstrends gekennzeichnet und zwar verläuft sie:

1. von dem Kopf ausgehend zu den Zehen,
2. von den zentralen zu den peripheren Körperteilen und
3. von groben, unbeholfenen Bewegungen hin zu präzisen, verfeinerten Bewegungen (vgl. MUSSEN/CONGER/KAGAN 1976, S. 175/176).

Augen- und Nackenmuskulatur sind im Alter von zwei bis drei Monaten die ersten Teile des Körpers, die das Kind beherrscht. Nachdem es den Kopf mit Hilfe der Nackenmuskeln anheben kann, lernt das Kind, sich in Bauchlage anhand der Schulter- und Armmuskulatur mit der Brust vom Boden abzuheben (vgl. AYRES 1984, S. 24/25). Des weiteren sammelt das Kind in dieser Zeit erste Erfahrungen mit seiner Umwelt. Durch Bewegungen der Hände, Arme, Beine und des Rumpfes berührt das Kind Gegenstände in seiner Umwelt. Diese Gegenstände setzen seinen Bewegungen Widerstände entgegen, wodurch das Kind Informationen über die Existenz seines Körpers und seiner Gliedmaßen in Unterscheidung zur Umwelt erhält (vgl. AFFOLTER 1987, S. 36).

Vom 4. bis zum 6 Monat:

In diesem Alter ist das Kind in der Lage, grobmotorische Bewegungen wie das Klopfen von Bausteinen auf dem Tisch durchzuführen. Außerdem streckt das Kind seine Arme nach Dingen aus, die es interessieren. Ergreifen kann es diese Sachen aber noch nicht, hierzu ist die Augen-Hand-Koordination noch nicht genug ausgebildet. Ferner beginnt das Kind in diesem Alter auf seine Hände und andere Körperteile zu blicken, wenn diese berührt werden und sich bei Geräuschen nach der Quelle umzusehen. Diese Leistungen beruhen nach AFFOLTER (1987) auf der zunehmenden Fähigkeit des Gehirns, die verschiedenen sensorischen Informationen miteinander zu verknüpfen (vgl. AFFOLTER 1987, S. 39-44).

Vom 6. bis zum 8. Monat:

Wenn das Kind ein halbes Jahr alt ist, kann es auf Händen und Knien krabbeln und kriechen. Zum einen erfährt es sich hierdurch als unabhängiges Wesen, zum anderen lernt es die physikalischen Strukturen des Raumes kennen, was ihm hilft, Gesehenes besser zu verstehen (vgl. AYRES 1984, S. 28). Ab dem 7. Monat gelingt es dem Kind, gewünschte Gegenstände zu ergreifen und diese mit der Hand zu umschließen. Ungefähr vier Wochen später beherrscht es auch den Scheren- und Zangengriff (vgl. BRAND et al. 1988, S. 44). Ferner ist das Kind in der Lage, Handbewegungen zu planen. Anhand dieser Fähigkeit beginnt es, seinen Körper und Gegenstände, die sich in seinem Sichtbereich befinden, auf Größe, Form, Gewicht und Funktion hin zu untersuchen (vgl. REMSCHMIDT 1979, S. 14).

Vom 9. bis zum 12. Monat:

Mit ungefähr 10 Monaten kann das Kind stehen und einige Wochen später an der Hand eines Erwachsenen laufen. Diese Handlung kann als „das Endprodukt der Verarbeitung aller Informationen, die von der Schwerkraft, den Bewegungen des Kindes, den Muskel- und Gelenkempfindungen" der vergangenen Monaten angesehen werden (AYRES 1984, S. 30).

Entwicklung ab dem 2. Lebensjahr:

Vom 2. Lebensjahr an kann ein Kind ungefähr angeben, wo es berührt wurde. Durch diese Fähigkeit zur Lokalisation weiß es, wo sein Körper anfängt und wo er aufhört und bildet ein Körperschema (vgl. AYRES

1984, S. 31). Im Alter von 14-15 Monaten kann das Kind ohne fremde Hilfe stehen und laufen (vgl. REMSCHMIDT 1979, S. 13). Das Kind ist jetzt viel in Bewegung. Es lernt, wie sein Körper funktioniert und mit seiner physikalischen Umwelt umzugehen. Weiterhin erfährt sich das Kind in diesem Alter als individuelle Person, da es seinen Körper als Einheit empfindet, es kommt zur Ausbildung des Selbstwertgefühls (vgl. AYRES 1984, S. 31/32).

Im Alter von 3-7 Jahren befindet sich das Kind in einer Phase, in der das Gehirn Wahrnehmungseinwirkungen gegenüber sehr aufnahmefähig ist und die besten Voraussetzungen hat, diese zu gliedern. Das Kind ist ständig aktiv und erweitert seine bisher gesammelten Erfahrungen mit seiner Umwelt. Seine Anpassungsreaktionen an Umwelteinflüsse werden immer komplexer und jede Anpassungsreaktion erweitert die Fähigkeit für mehr Wahrnehmungsverarbeitung (vgl. AYRES 1984, S. 34).

Als Anpassungsreaktion, auch adaptive Reaktion genannt, definiert AYRES (1984) die kreative und sinnvolle Reaktion einer Person auf Umweltgegebenheiten, z.B. das Drehen des Kopfes bei einem Geräusch, um zu sehen, was passiert ist (vgl. AYRES 1984, S. 17).

Erst im Alter von 7 oder 8 Jahren entwickelt das Kind die Fähigkeit, abstrakt zu denken und zu diskutieren. J. PIAGET (1969) stellt fest, daß die in den ersten sieben Lebensjahren gewonnenen sensomotorischen Fähigkeiten die Grundlage für die intellektuelle, soziale und persönliche Entwicklung bilden.

Die senso-motorische Steuerung der Motorik (incl. CP)

Das sensorische System

Neben den Sinnesorganen und den verschiedenen Rezeptoren der Haut sind die propriozeptiven Endorgane des Muskels für die Regelung der Motorik von Bedeutung. Es handelt sich um spezifische Rezeptoren der Muskeln, Sehnen, Bänder und Gelenke, die den Längen- und Spannungszustand des Muskels sowie die Stellung der Gelenke im Raum über Nervenbahnen (afferente Bahnen) an das Gehirn liefern. Die Hauptinformation über den Längen- und Spannungszustand des Muskels erfolgt über die Muskelspindeln und die Golgi-Sehnenrezeptoren. Die Golgi-Körper sprechen auf Spannungsvermehrung in der Sehne an und bilden damit einen Schutzmechanismus gegen ihren möglichen Abriß. Die Gelenkrezeptoren bestimmen das Lagegefühl der Gliedmaßen.

Die sensorischen Nerven strahlen in das Rückenmark ein und bilden dort aufsteigende Leitungsbahnen bis zum Thalamus im Zwischenhirn, der einen Knotenpunkt für afferente Bahnen darstellt. Er koordiniert und integriert alle einströmenden Reize ohne Einschaltung des Bewußtseins. In der Hirnrinde (in der Postzentralwindung des Scheitellappens) liegt das übergeordnete sensorische Zentrum. Hier ist der gesamte Körper sensibel repräsentiert.

Die Fasern aus Muskelspindeln und Golgi-Organen führen im wesentlichen zum Kleinhirn, das in enger Verbindung mit dem Thalamus steht. Zweige von Spindeln beziehungsweise Golgi-Fasern verlaufen bis zur Formatio reticularis, die sich von der Medulla oblongata bis zum Thalamus erstreckt. Formatio reticularis, Kleinhirn und Thalamus stellen drei Koordinationszentren dar, deren Tätigkeit ständig von der Großhirnrinde überwacht wird. Bei Ausschaltung dieses Einstroms kann das Großhirn motorisch funktionsunfähig gemacht werden.

Das motorische System

Die motorische Region liegt in der Präzentralwindung der Hirnrinde. Die Bewegungsbahn (Pyramidenbahn) leitet die Intentionen für rasche willkürliche Bewegungen. Sie kreuzt in der Medulla oblongata und läuft dann im lateralen Anteil der weißen Substanz des Rückmarks hinab. Aus den Leitungsbahnen im Rückenmark gehen in allen Segmenthöhen des Rückenmarks Fasern zu den motorischen Vorderhornzellen. Die motorische Vorderhornzelle bildet mit der angeschlossenen Muskelfaser die „motorische Einheit“, die Nervenfaserendigung mit dem Sarkoplasma des Muskels die „motorische Endplatte“. Auf die motorische Vorderhornzelle, auch Alpha-Motoneuron genannt, wirken zahlreiche fördernde und hemmende Einflüsse, die hier gegeneinander „verrechnet“ werden. Wenn das Motoneuron einen Impuls gibt, kontrahieren alle Muskelfasern gleichzeitig. Es sind jedoch nicht alle Vorderhornzellen eines Skelettmuskels gleichzeitig aktiv, sondern bei länger andauernden Leistungen wechseln sie sich ab. Sie werden dann von Inhibitionszellen (Renshawzellen), die durch einen Zweig der Alpha-Motoneuronen direkt gereizt werden, gehemmt. Die Vorderhornzelle wird als Auswirkungsstelle spinaler Reflexbögen gewöhnlich über Interneuronen aktiviert. Solche Reflexbögen (z.B. Patellarsehnenreflex) können auf sehr kurzem Weg in einem einzigen Rückenmarkssegment verlaufen. Andere Reflexbögen beziehen mehrere Rückenmarkssegmente ein, wieder andere, z.B. die bedingten Reflexe, beteiligen das Gehirn.

Das extrapyramidale System

Die Einwirkung des extrapyramidalen Systems auf die Vorderhornzellen ist von großer Bedeutung für die cerebrale Bewegungsstörung. Hierzu gehören: Basalganglien (Striatum, Palladium), Nucleus ruber, Vestibularkerne und die Fomatio reticularis. Es ist ein langgestrecktes lockeres Kerngebilde, das vom Mittelhirn bis zur Medulla oblongata zieht.

Das intakte extrapyramidale System wirkt hemmend auf die Muskelkontraktion. Bei Verminderung oder Wegfall dieser Inhibition kommt es zu einer Tonussteigerung der Muskulatur. Der Muskelkontraktionszustand wird durch die Muskelspindeln reguliert. Dies sind aus kleinen Muskelfäserchen bestehende Organe, die in der Mitte mit einer Nervenendigung umflochten sind.

Durch die Aktivierung von Muskelspindeln und Golgi-Organen geschieht die propriozeptive Spannungsregelung des Muskels bei Muskeldehnung. Während von den Muskelspindeln afferente Fasern die Alpha-Vorderhornzellen reizen, wirken die afferenten Bahnen der Golgi-Organe und die Typ-II-Spindelafferenzen auf die Vorderhornzellen bremsend. Bei den Antagonisten wirken die Fasern reziprok. Die Dehnungsreaktion stellt somit ein Gleichgewicht in den antagonistischen Kräften her.

Die gewöhnliche neurologische Ursache für das Vorliegen einer Cerebralparese mit spastischer Lähmung ist eine Läsion des zentralen motorischen Neurons, also der Pyramidenbahn. Die Spastik tritt hauptsächlich infolge des Wegfalls der hemmenden Einflüsse der Formatio reticularis auf, so daß die enthemmten spinalen Reflexe sich in verstärkter Gammaaktivität auswirken können. Die Dehnungswiderstände sind vergrößert und bei passiven Gelenksbewegungen muß ein taschenmesserartiger Widerstand überwunden werden. Das „Taschenmesserphänomen“ entsteht wahrscheinlich durch Tätigkeiten der Golgi-Körper, die bei starkem Zug an der Sehne zu einer reflektorischen Erschlaffung führen.

Phasische und tonische Bewegungseinheiten

Muskeln bestehen hauptsächlich aus zwei Muskelfasertypen, die anhand ihres Energiestoffwechsel-Typs unterschieden werden und in einem einzigen Muskel anzutreffen sind. Dies sind die „phasischen“ (oder „schneller“; „Fast-Twitch“-)Fasern für intensive, schnellkräftige Muskelbeanspruchungen und die „tonischen“ („langsamen“; „Slow-Twitch“-)Fasern für Beanspruchungen von längerer Dauer, aber geringerer Intensität.

Im Rückenmark sind die zu den Muskelfasern gehörenden Vorderhornzellen ebenfalls in phasische und tonische Zellen zu unterscheiden. Phasische Vorderhornzellen sind immer kurzzeitig tätig und können die Zahl ihrer Entladungen sehr rasch steigern; tonische Vorderhornzellen sind langanhaltend tätig. Einige Muskeln neigen bevorzugt zur Spastik: besonders oberflächlich gelegene, lange zweigelenkige Muskeln, Adduktoren und Flexoren. Tiefe Haltemuskeln neigen bei Bewegungsgestörten zur Inaktivität. Tonussteuernde Eigenschaften haben als höchste subcortikale Zentren auch die Basalganglien, zu denen u.a. das Striatum mit Nucleus caudatus, Putamen und das Palladium gehören. Der Globus palladius spielt eine sehr maßgebliche Rolle für die Aufrechterhaltung des Haltetonus der Gliedmaßen. Die tonischen Haltungsreflexe können die einmal eingenommene Körperhaltung stabil gegen den Einfluß der Schwerkraft halten, sie werden im Laufe der frühkindlichen Entwicklung zunehmend durch übergeordnete Steuerung verdeckt; auf Störgrößen wirken die Stellreflexe.

Man unterscheidet:
- Labyrinthstellreflexe (sie stellen den Kopf bei wechselnder Körperlage aufrecht ein);
- Halsstellreflexe (sie stellen den Körper nach einer vorgegebenen Körperhaltung ein);
- Körperstellreflexe (Druckrezeptoren, Propriozeptoren; sie dienen als Informationsquellen für die Stellung des Körpers im Raum)

Ätiologie frühkindlicher Hirnschädigung

Hirnschädigungen können in allen Zentren des Gehirns auftreten. Auf die Motorik wirken sich besonders Schädigungen der Pyramidenbahn, der extrapyramidalen Strukturen (Basalganglien), des Cortex im Bereich des Endhirns und des Kleinhirns aus.

„Unter frühkindlicher Hirnschädigung verstehen wir alle jene im frühen Kindesalter auftretenden Hirnveränderungen, die auf eine Schädigung der Erbmasse oder der Frucht während der Schwangerschaft, bei der Geburt oder in den ersten Jahren des Kindes zurückzuführen sind“ (THOM 1982, 113).

Dabei werden unterschieden:

1. die erblichen familiären Schädigungen;
2. die exo- und endogenen Schädigungen;
3. die perinatalen Schädigungen sowie
4. die postnatalen Schädigungen.

Zeitlich kann der Schaden in drei Perioden lokalisiert werden:

a) Erblichkeit

- genetisch bedingte Enzymdefekte und Stoffwechselstörungen;
- Schädigungen der Ei- oder Samenzelle: Röntgenstrahlen; Trisomie-18-Syndrom;

– Embryopathien: Röteln; Mumps, Herpes; Windpocken; Listeriose; Toxoplasmose; Grippe; Anginen; Syphillis; Tbc; Hypoxien (Sauerstoffmangel in den Körpergeweben bei mütterlicher Anämie);
– Fetopathien: (siehe Embryopathien); Rh- bzw. ABO-Inkompatibilität; Strahlenschäden; Vitamin-, Eiweiß- oder Kupfermangel; Diabetes mellitus.

b) perinatale Schäden:

– Hypoxien: Asphyxie (drohender Erstickungszustand als Folge des Absinkens des O_2-Gehalts im Blut); Atelektase (Zustand, bei dem die Alveolen der Lunge leer sind und ihre Wände aneinanderliegen); Nabelschnurvorfall; placentäre Anomalien; Zangengeburt und andere mechanische Schäden; Krampfwehen, Narkose; Frühgeburt; Steißlage; Sturzgeburt.

c) postnatale Schäden:

– Enzephalitis; Meningitiden, Tbc; Keuchhusten; Embolien; Thrombosen; Traumen; Arzneimittelschäden; Hyperglykämie; Fieber- und sonstige Krämpfe (vgl. THOM 1982, 113).

Symptome pathologischer Motorik

Die Einteilung klinischer Symptome wird wie folgt vorgenommen. Man unterscheidet die Spastik (60-80% Vorkommen bei CP), die Athetose (ca. 10-20%) sowie die Ataxie, den Tremor und den Rigor (zusammen etwa 5%). Diese Formen treten auch in Mischformen auf.

Spastik:

Das Wesen der Spastik ist eine überschießende Kontraktion eines Muskels auf einen Reiz hin. Bei der reflektorischen Reizung (Eigenreflex) folgt eine über das Normalmaß hinausgehende Kontraktion des Muskels; bei passiver rascher Dehnung des spastischen Muskels macht sich ein starker Widerstand bemerkbar“ (HENSLE 1986, S. 174).

Ätiologisch handelt es sich um Schädigungen der Pyramidenbahnen bzw. des extrapyramidalen Systems; langfristig kommt es zu Kontrakturen.

Athetose:

„Form der Hyperkinese mit langsamen, tonischen, wurmartigen, unwillkürlich geschraubten Bewegungen, zumeist distal an den Fingern und Zehen sowie im Gesicht (PSCHYREMBEL 1977, 94 f.). Hierbei sind in der Regel auch die Artikulation, die Mimik und die Sprache gestört. Der Globus pallidus, der eine maßgebliche Rolle bei der Aufrechterhaltung des Haltetonus des Körpers spielt, wird oft geschädigt vorgefunden.

Ataxie, Tremor, Rigor:

„Die Ataxie ist durch einen Verlust der Kontrolle des Bewegungsausmaßes (Dysmetrie) gekennzeichnet, auch statische Störungen beim Stehen (Astasie) und Gehen (Abasie) können vorkommen“ (HENSLE 1986, 175).

Beim Tremor liegt ein fein- oder grobschlägiges Muskelzittern, zumeist der Hände, vor, das bei Erregung und feinen Willkürbewegungen verstärkt ist.

Unter dem Rigor ist eine Bewegungsverarmung und eine Erhöhung der Ruhespannung der Muskulatur zu verstehen, die sich bei passiver Muskeldehnung als Widerstand zeigt.

Topographisch werden CP wie folgt unterschieden:

- Diplegien (2 Gliedmaßen sind betroffen, vor allem die Beine)
- Hemiplegien (eine Hälfte des Körpers ist betroffen)
- Tetraplegien (alle vier Gliedmaßen sind betroffen)
- Paraplegien (ausschließliche Schädigung der unteren oder oberen Extremitäten)
- Triplegien (Schädigungen an drei Gliedmaßen)
- Monoplegien (Schädigung einer Gliedmaße)

Auch hier treten Mischformen auf, so daß eine eindeutige Zuordnung nicht immer einfach ist.

Stationen der Wahrnehmung und der sensorischen Integration

Phänomene der Körper-Umwelt und der Körper-Innenwelt werden durch Sinnesorgane und deren Rezeptoren aufgenommen. Es erfolgt eine Erregung im sensorischen Nerv und eine Codierung in „Nervensprache“. Es erfolgt eine Weiterleitung (afferente Nervenfasern zum ZNS), eine Selektion/Inhibition/Fazilitation, eine Integration und Koordination mit anderen Impulsen, eine zentrale Verarbeitung, eine Integration mit bereits Gespeichertem, eine Engrammierung (Speicherung) des Neuen ev. eine Bewußtwerdung, eine apperzeptive Be- und Verarbeitung, eine affektive Qualität, eine Reizbeantwortung, (ev.) eine motorische Reaktion über die efferente Leitungsbahn, eine Rückmeldung (siehe Abb.1, S.7 und Abb.7, S. 17).

Die vier Grundprinzipien, die Sensorische Integration möglich machen (nach AYRES):

1. Funktionierende Neugeborenenreaktionen (Reflexe).

peripher	zentral	motorisch
bei der - Reizaufnahme	bei der - Leitung - Selektion - cortikalen Vernetzung	beim/bei der - out-put - Reaktion - Reafferenz

organisch z. B.	**peripher** z. B.	**subcortical** z. B.	**cortical** z. B.	**motorisch** z. B.
- Hautdefekte - Farbenblindheit - Sehbehinderung - Taubheit - Schwerhörigkeit - Spasmus	- Hyposensibilität - Hypersensibilität - Blockierung	- Reizfilterung - laterale Hemmung - Reizleitung afferent - Decodierung	- Verbindung - Vernetzung, intersensorisch - interhemisphärische Ergänzung	- Reizleitung efferent - Programmumsetzung - Reafferenz - Efferenzkopie

Abb. 19: Lokalisation von Störungen der Perzeption

2. Die Organisation der sensorischen Information muß möglich sein.
3. Eine intrinsische Motivation ist gegeben, das heißt, die physiologischen Bedürfnisse, die beim Lebewesen angeboren sind, wie Nahrungstrieb, Sauerstoffbedarf, Schlafbedürfnis, Sexualität, Angst, Neugiertrieb, Aggressionstrieb (zur Arterhaltung) und Bewegungsfreude.
4. Intakte Basissysteme
   a) die Haut, die Teil des taktilen Systems ist,
   b) die Muskeln, Sehnen, Bänder, Knochen und Gelenkkapseln, die Teil der Propriozeption sind,
   c) das Vestibularorgan (Bogengänge und Vestibulum), das Teil des vestibulären Systems ist,

müssen als Fundament integriert arbeiten. Das sind die Bausteine oder Basissysteme, aus denen das Fundament unserer sensorischen Integration zusammengesetzt (a, b, c) ist. Das vestibuläre System vereint und organisiert alle (auch Augen, Ohren) anderen sensorischen Systeme. Es stellt die Beziehung des Menschen zur Schwerkraft und zur physikalischen Umwelt her.

Die Sinnesorgane/Sinnessysteme nach AYRES

1. Das taktile Organ:

Haut, Haare und Nägel. Die rezeptiven Leistungen (fühlen): leichte, bewegende Berührung (Berührungsempfinden), Temperatur, Schmerz Vibration, Druck, sind Teile des taktilen Systems.

2. Die propriozeptiven Organe:

Muskeln, Sehnen, Bänder, Gelenkkapseln und Knochen.

Die rezeptiven Leistungen (fühlen): Vibration, Druck, Zug, Gliederstellung, Gliederbewegung, Muskelkoordination, sind Teile des propriozeptiven Systems (oder der Tiefensensibilität/Kinästhesie).

3. Das vestibuläre Organ:

Bogengänge und Vestibulum.

Die rezeptiven Leistungen (fühlen): Stellung des Kopfes zur Schwerkraft, Veränderung von Bewegungen (Beschleunigung, Verlangsamung), Richtungsänderung, Tonusregulation.

4. Augen/Sehen Teil des visuellen Systems

5. Ohren/Hören Teil des akustischen Systems

6. Nase/Riechen Geruchssinn

7. Zunge/Schmecken Geschmackssinn

(Siehe Abb. 20, S. 51 und Abb. 21, S. 52)

Behandlungsziele zum Aufbau der Sensorischen Integration

Körperimago (nach FROSTIG)

Normalisierung der taktil protapathischen Perzeption
- Desensibilisierung der Tastabwehr
- Sensibilisierung der Hyposensibilität
- Tonusregulation
- Tonusaufbau
- Tonusregulierung

Normalisierung der Bewegungswahrnehmung
- Verbesserung der Tiefensensibilität
- Verbesserung der Kinästhesie
- Verbesserung der Körperinnenwahrnehmung

Die Sinnessysteme

	Sinnes-organ Receptor	**Sensorisches System**	**Perception Funktion**	**Verarbeitungs-Ebene Bewußtsein**	**Psychische Wirkung**
Körpersinne - Nahsinne Proprioception	Haut Thermoorec. Nocicerd. Mechano-receptoren	Taktil protopathisches thisches System	Berührungs- und Vibrations-empfindung passiv	Thalamus unbewußt	Geborgenheit Kontakt Angst Flucht Abgrenzung
	Innere Organe Entero-receptoren	Viscerales System	vegetative Regulation	Hypothalamus unbewußt	Befindlichkeit Wohlbehagen Mißbehagen
	Muskeln **Sehnen** **Gelenke** Spindeln Endorgane	Kinästhetisches System	Tonus-regulation Tiefensensi-bilität	Kleinhirn teilweise bewußt	Bewegungs -lust -unlust
	Vestibular-organe, im Labyrinth Vestibular-receptoren	Vestibular-system	Gleich-stellung des Kopfes im Raum	Kleinhirn meist unbewußt	Sicherheit Unsicherheit
Umweltsinne - Fernsinne Exteroception	**Zunge** Gaumen Gust.recept.	Gustatorisches System	Schmecken	Rautenhirn weniger bewußt	Hunger Ekel
	Nase Olfaktor. Receptoren	Olfaktorisches System	Riechen	Allo cortex weniger bewußt	Aufmerksam-keit Wohlbefinden Ablehnung
	Auge Photo-receptoren	Visuelles System	Sehen	Cortex voll bewußt	Orientierung Sicherheit
	Haut Thermorec. Mechanorec.	Taktil Epikritisches System	Tasten aktiv	Cortex voll bewußt	Warm kalt Orientierung
	Ohr Akustische Receptoren	Auditives System	Hören	Cortex voll bewußt	Assoziationen positiv negativ Orientierung

Abb. 20: Die Sinnessysteme (© Rega Schaefgen)

Gleichgewichtsregulation

Verbesserung der Stütz- und Haltereaktionen
Verbesserung der motorisch anpassenden Reaktionen
Gleichgewichtserhaltung bei Anforderungen

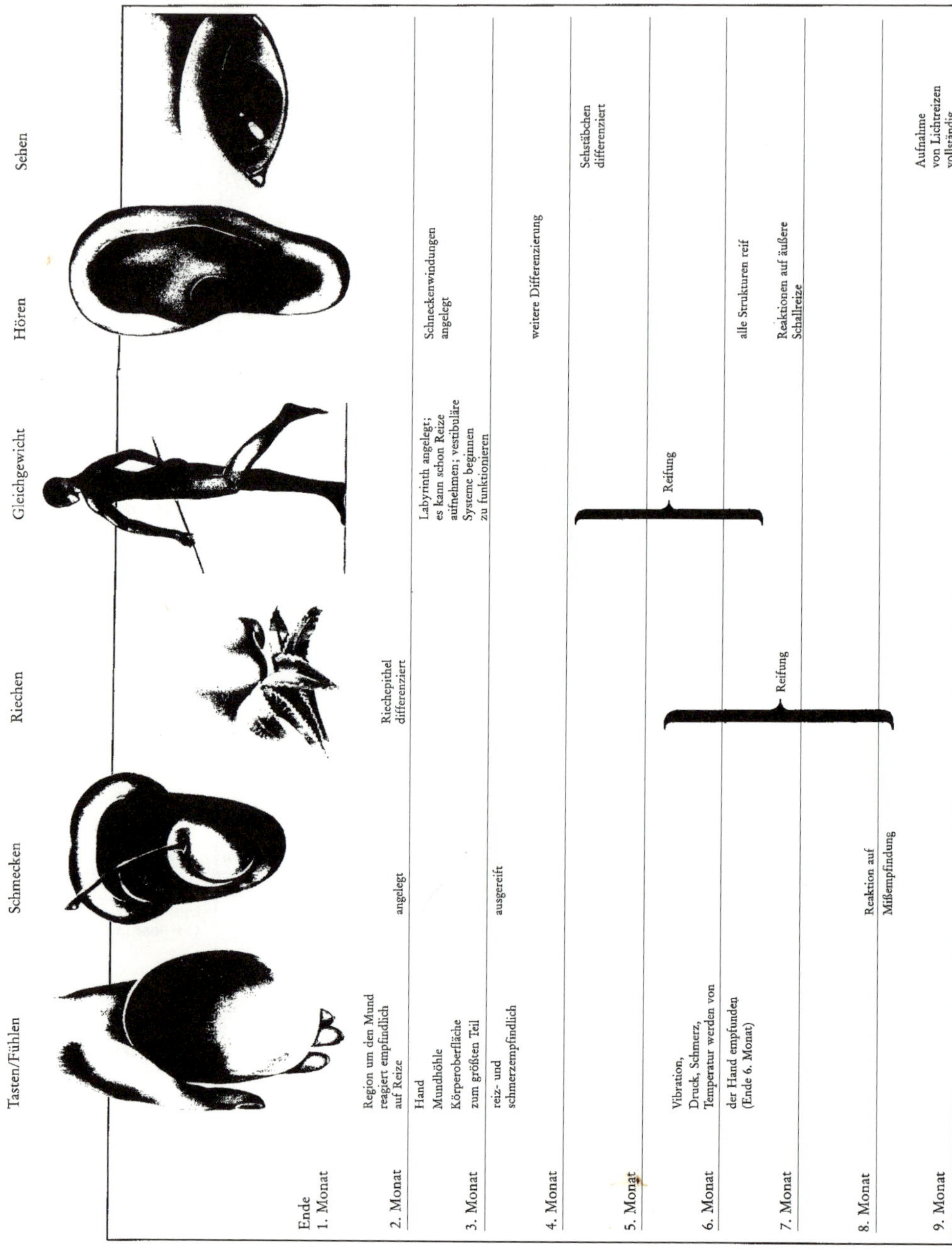

Abb. 21: (aus: Katharina Zimmer, Das Leben vor dem Leben. Illustrationen von Ute Osterwalder. Kösel-Verlag, München ³1990)

Körperschema

Verbesserung der Visumotorik
Körperkoordination
Auge-Hand-Koordination
Auge-Fuß-Koordination

Verbesserung der visuellen Wahrnehmung
Figur-Grundwahrnehmung
Formkonstanzwahrnehmung
Raumlagewahrnehmung
Räumliche Beziehungswahrnehmung
Raumvorstellungswahrnehmung

Motorische Planung
Gerichtete Körperkoordination
Zielorientierte Handlungsfähigkeit

Verbesserung der auditiven Wahrnehmung
auditive Selbstkontrolle
Laut- und Geräuschnachahmung
Lautisolierung
Rhythmusnachahmung
Sequenzspeicherung

Die Perzeptiv-Apperzeptive Entwicklung des Kindes (nach PIAGET und AFFOLTER)

Die sensomotorische Phase

Von der Geburt bis zum 2. Lebensjahr

- Reflexe
- erste Anpassungshandlungen
- scheinbar absichtvolle Handlungen
- Beginn der praktischen Intelligenz (8. Monat): zielorientierte Handlungen
- Objektpermanenz
- erste Differenzierung zwischen ICH und Objekten (12. Monat)
- Vorstellungsvermögen und Einfallsreichtum (18. Monat)

Das sensomotorische Fundament für diese Entwicklung:

a) modale Stufe:
spezifische Funktionsweise eines Sinnessystems (7 Sinnessysteme; davon 3 Basissinne) (bis ca. 3. Monat)

b) intermodale Stufe
Verknüpfung von Sinnesmodalitäten (ca. 8 Monate)

c) seriale Stufe
Verständnis für zeitliche und räumliche Abfolgen (ca. 11 Monate)

d) intentionale Stufe
Zweck und zielgerichtete Praxis (ca. 18 Monate)

e) Symbol-Stufe
Unterscheidung zwischen Symbol und realem Objekt
Vorbegriffe
Inneres Handeln = denken
Antizipation und Kombination von Handlungen (ab 18 Monate)

Prä-Operationale Entwicklungsstufe

4-5 Jahre
- egozentrischer Sprachgebrauch
- perzeptives Denken
- Zentration
- sozial-kommunikativer Sprachgebrauch
- intuitives Denken
- Dezentration

Konkret-operationale Entwicklungsstufe

7-11 Jahre
- Erfassen mehrerer Aspekte gleichzeitig
- wahrnehmungsunabhängige Vorstellungen
- schlußfolgerndes Denken
- additive Fähigkeiten
- multiplikative Fähigkeiten
- Operationen: Internalisierung, Reversibilität, Koordinierung, Konservation, Kausalität

Formal-operationale Entwicklungsstufe

11-15 Jahre
- Hypothesenbildung
- Abstraktionen
- induktives und deduktives Denken
- Metadenken
- algebraische Rechenfähigkeit
- Faktorenkombinationen
- Transitivität

3.2 Die vestibuläre Wahrnehmung und ihre Störungen

Das Sinnessystem für Gleichgewichtsempfindung- und -regulation im Raum unter Bezug auf die Gravitation (Schwerkraft) besteht aus mehreren Teilen. Als Rezeptoren wirken Sinneszellen des Vestibularorgans im Innenohr, d.h. die im Bogengangsystem und der Macula utriculi und sacculi befindlichen „Gleichgewichtszellen" des häutigen Labyrinths, Propriozeptoren und Interozeptoren der Tiefenwahrnehmung und Hautrezeptoren der Oberflächenempfindung. Das Gleichgewichts-System ist eng verknüpft mit dem Mittelhirn einschließlich der Augenmuskulatur und dem Kleinhirn.

Der Vestibularapparat ist die dem Gleichgewichtssinn dienende Funktionseinheit aus Bogengangsapparat (Vestibulum mit Sacculus und Utriculus und Statoconia), Endolymphe und zerebralen Bahnen. Das Innenohr enthält die Sinnesorgane für den Hör- und Gleichgewichtssinn und ist eingebettet in das knöcherne Labyrinth.

Das knöcherne Labyrinth umfaßt die knöchernen Bogengänge und die knöcherne Schnecke; es umkapselt das häutige Labyrinth. Zwischen Knochen und häutigem Labyrinth liegt die Perilymphe; im häutigen Labyrinth liegt das eigentliche Hörorgan, das Corti-Organ. Die häutigen Vorhofsäckchen und die häutigen Bogengänge enthalten zusammen das Gleichgewichtsorgang.

Vom Innenohr geht ein großer Nerv aus: Nervus vestibulo-cochlearis, der VIII. Hirnnerv.

Er stellt die Verbindung mit dem Gleichgewichtsnerv her und vermittelt die Botschaften des Gleichgewichts- und Hörorgans an die entsprechenden Hirnzentren. Das wir uns durch und in Bezug zur Gravitation empfinden können, verdanken wir dem Gleichgewichtssinn in seiner Qualität als Schwerkraft-Rezeptor (Kalziumcarbonatkristalle); daß wir nicht hin und her torkeln oder wie erstarrt laufen, verdanken wir den Bogengängen.

Zentrum des Gleichgewichtssinnes neben dem Innenohr sind die Vestibularis-Kerne im verlängerten Mark, dem unteren Teil des Hirnstammes. Die vielfach verschalteten Leistungen der Vestibularis-Kerne laufen automatisch und unbewußt über Reflexe ab. Aber es besteht auch eine Schaltung von den Vestibularis-Kernen über den Thalamus zur hinteren Zentralwindung des Cortex. Die hier einlaufenden Informationen werden bewußt verarbeitet und dienen so der Wahrnehmung und Orientierung (Raum-Wahrnehmung entsteht also nicht nur durch reine extra-visuelle In-puts). Die Vestibularis-Kerne erhalten ihre Informationen primär vom Gleichgewichtsorgan im Innenohr, von den kinästhetisch-propriozeptiven Rezeptoren (auch der Halswirbelgelenke und der Halsmuskulatur), durch visuelle Inputs und vom Kleinhirn.

Die Reflexe, die von den Vestibularis-Kernen ausgehen, werden in statische und stato-kinetische Reflexe unterteilt.

Den statischen Reflexen sind bestimmte Haltungen der einzelnen Glieder zueinander und bestimmte Stellungen des Körpers im Raum zu verdanken.

Abb. 22

Die statio-kinetischen Reflexe stellen Antworten auf Bewegungsreize dar, die selbst wieder Form von Bewegungen annehmen.

Die statischen Reflexe erhalten also über verschiedenen Muskeln das Gleichgewicht beim Stehen und Sitzen, die stato-kinetischen Reflexe erhalten das Gleichgewicht beim Gehen, Laufen, Springen. Ein bekannter Reflex, der auf dem Gleichgewichtssinn beruht, ist die Kopfdreh- und die Augenreaktion: der Nystagmus.

Der post-rotatorische Nystagmus (post lat. hinter, nach) dient dazu, die Augen während einer Drehbewegung so gegen die Drehung zu führen, daß die ursprüngliche Blick-Richtung beibehalten wird. Bevor jedoch die Augen seitlich anschlagen, erfolgt eine schnelle Augendrehung in Richtung der Drehbewegung, die die Drehgeschwindigkeit übertrifft. An diese schnelle Phase schließt sich wieder eine langsame Bewegung entgegen der Drehrichtung an. Der Nystagmus wird in der Medizin zur Funktionsprüfung des Gleichgewichtsorgans benutzt.

Im Rahmen der Sensorischen Integration wird der zu kurze post-rotatorische Nystagmus als Indiz dafür gesehen, daß ein „wichtiger Verbindungsweg für vestibuläre Reize nicht gut genug benutzt wird" (AYRES 1984, S. 177), also u.U. eine zu starke Inhibition (lat. inhibitio = das Hemmen, Hindern) vorliegt. Ein zu langer und ein sehr exzessiver post-rotatorischer Nystagmus können demzufolge im Sinne einer zu hohen Fazilitation (Bahnung) interpretiert werden und ein zu kurzer oder ausbleibender Nystagmus im Sinne einer Inhibition (Steuerung), wobei die Orte der Inhibition/Fazilitation zahlreich sind (z.B. Formatio reticularis, Thalamus) und i.d.R. subcortical liegen.

Das vestibuläre System ist eines der Basissysteme. Damit das Gleichgewichtssystem in einem ausgewogenen Zustand bleibt, sind Inhibition und Fazilitation die Funktionen, die in einem ausgewogenen Zustand zusammenwirken müssen. Sind diese Funktionen nicht im Gleichgewicht, kommt es zu Störungen, die sich auf die Wahrnehmung auswirken können. Das vestibuläre System hat Verbindung zu allen anderen Funktionsarealen des Gehirns; eine Störung kann somit andere Wahrnehmungsfunktionen beeinflussen. Der Hirnstamm verfügt über vestibuläre Kerne. Diese Kerne sind sogenannte Schaltzentren, wo Empfindungen aufgenommen werden und u.U. zu anderen Ebenen des Gehirns weitergeleitet werden (Störungen können schon im Hirnstamm auftreten, aber auch, (was wahrscheinlicher ist), in den anderen Regionen des Gehirns bei der weiteren Verarbeitung. Inhibition und Fazilitation sind wichtige homöostatische Prozesse des Gleichgewichtssystems. Wirken diese beiden Prozesse nicht richtig zusammen, kann es zu einer gestörten Ordnung der Hirnfunktion kommen. Funktioniert die Inhibition nicht richtig, wird das Gehirn überstimuliert. Dies kann sowohl zu einer Hyperaktion wie zu einer Hypoaktion im Verhalten führen.

Eine Störung der Fazilitation verursacht, daß wichtige Impulse nicht in richtiger Weise zum Gehirn gelangen. Die Folgen können sowohl eine Hypoaktion wie eine Hyperaktion sein. Die Balance ist der entscheidende Faktor.

Störungen des vestibulären Systems

Bei Störungen des vestibulären Systems werden die aus den Gravitations- und Gleichgewichtsrezeptoren ins Gehirn gelangenden Reize nicht in geeigneter Weise verarbeitet. Dadurch werden die betroffenen Individuen in ihrer Fähigkeit, Anpassungsreaktionen auszubilden, beeinträchtigt.

Da die vestibuläre Informationen in den Integrationszentren das Gehirn mit allen anderen Sinneswahrnehmungen verknüpft werden, wirken sich Störungen des vestibulären Systems nicht nur auf die Haltungs- und Gleichgewichtsreaktionen aus, sondern auch auf die visuelle (Raum-)Wahrnehmung, die psychische Entwicklung und Befindlichkeit (bes. enger psychophysischer Zusammenhang), die Vigilanz, die Verdauungstätigkeit etc.

Die Hypoaktion des vestibulären Systems

Eine Unterfunktion des vestibulären Systems verursacht, daß Kinder mit Vorliebe Betätigungen suchen, die ihnen ein Übermaß an vestibulärer Stimulation verschaffen, da nicht genügend Gleichgewichtseindrücke verarbeitet werden können.

Verhaltensweisen, die eine Hypoaktion vermuten lassen, sind zum Beispiel:

- Kopfstand machen
- Purzelbäume schlagen
- herumwirbeln
- hopsen, springen
- Gegenstände in rotierende Bewegungen versetzen
- ständig um die eigene Achse drehen

Das Si-verunsicherte Kind benötigt genau wie andere Kinder Sinnesreize, die dem Gehirn zu einer ausreichenden sensorischen Integration verhelfen. Werden diese Reize z.B. durch eine mangelnde Fazilitation nicht richtig weitergeleitet, kann es zu einer Hypoaktion kommen.

Bei einer Hypoaktion im Bereich des vestibulären Systems sucht das Kind zum einen Spiele, die eine stärkere vestibuläre Reizung verursachen, z.B. ständig um die eigene Achse drehen. Bei der Unterfunktion des vestibulären Systems werden vestibuläre Reize aufgrund eines gestörten Regulationsmechanismus zu stark inhibiert bzw. zu wenig fazilitiert.

Diagnostizieren kann man die Unterfunktion nach AYRES (1984) an einer zu kurzen Nystagmusdauer. Hierbei erhalten die Augenmuskeln nach Drehung des Körpers um die eigene Achse zu wenig Nervenreize, um einen normalen Nystagmus auszubilden. Daraus kann man schließen, daß die

Augenmuskeln ebenfalls zu wenig motorische Informationen erhalten, um bewegten Objekten mit den Augen zu folgen oder von einem Punkt zum anderen zu sehen, was zwangsläufig zu Schwierigkeiten beim Lesen und Rechnen in der Schule führt. Weiterhin können die Haltungsreaktionen und die Lateralität durch eine Unterfunktion des vestibulären Systems beeinträchtigt sein. Durch mangelhafte Lateralisation entstehen Schwierigkeiten beim Sprechen, Lesen und Schreiben, da die Gehirnhälften und Hände sich nicht für bestimmte Aufgaben spezialisiert haben und jetzt ähnliche Funktionen „übernehmen“ (vgl. AYRES 1984, S. 115; WITTE 1989).

Bei der folgenden Liste handelt es sich um eine Zusammenstellung der Leitsymptome nach AYRES. Während die beiden erstgenannten Symptome bei allen Kindern mit einer Unterfunktion des vestibulären Systems beobachtet werden können, treten die übrigen nur bei einigen Kindern auf; man sieht sie auch bei anderen Störungen der sensorischen Integration.

1. Der post-rotatorische Nystagmus ist kürzer als normal.
2. Das Kind ist gesund, die Entwicklung und Intelligenz entsprechend dem Durchschnitt, aber trotzdem hat es Schwierigkeiten beim Lesen und Rechnen.
3. Das Kind ist unsportlich und tolpatschig. Es stolpert und fällt häufig hin.
4. Balancieren bereitet dem Kind Schwierigkeiten.
5. In Bauchlage kann das Kind nicht Kopf, Arme und Beine gleichzeitig anheben (Flugzeughaltung).
6. Weder Arme noch Beine arbeiten koordiniert.
7. Das Kind bevorzugt keine Hand. Man könnte denken, es wäre ein Ambidexter.
8. Das Kind verwechselt oft rechts und links. Beim Schreiben werden Buchstaben wie „d“ und „b“ oder „p“ und „q“ in die verkehrte Richtung geschrieben und zwar häufiger als die Klassenkameraden dies tun. Außerdem werden Worte oft rückwärts gelesen, z.B. wird statt „Esel“ „Lese“ gelesen.“ (vgl. AYRES 1984, S. 116/117)

Die Überfunktion

„Bei der Überfunktion des vestibulären Systems gelangen durch zu niedrige Hemmung zu viele vestibuläre Informationen ins Gehirn. Kinder mit einer Überfunktion des vestibulären Systems können mit den Schwerkrafteinflüssen nicht adäquat umgehen und mögen sich nicht gern bewegen. Eine bessere Vorstellung der Probleme dieser Kinder erhält man, wenn man bedenkt, daß jeder Mensch auf extreme Bewegungen oder bei Stürzen mit Furcht reagiert. Diese Toleranzgrenze ist bei Kindern mit einer Überfunktion des vestibulären Systems erhöht. Sie empfinden die Schwerkraft als eine dauernde Bedrohung (vgl. AYRES 1984, S. 119).

Nachfolgend eine Liste der bei dieser Störung auftretenden Symptome. Nicht alle Symptome sind bei jedem Kind vorhanden.

Symptome der Schwerkraftverunsicherung:

1. Der post-rotatorische Nystagmus hält ungewöhnlich lange an.
2. Das Kind wird leicht seekrank.
3. Es spielt nur ungern auf bewegten Geräten, ihm wird hier schnell übel.
4. Das Kind vermeidet das Springen von höheren auf tiefere Flächen und steigt nicht gern auf Anhöhen.
5. Es hat große Angst vorm Hinfallen.
6. Das Kind vermeidet, die Füße vom Erdboden zu nehmen und klettert nicht gern.
7. Es hält den Kopf nicht gern nach unten und mag keinen Kopfstand machen oder Purzelbäume schlagen.
8. Wird das Kind gedreht, hat es das Gefühl, das Gleichgewicht zu verlieren.
9. Das Treppensteigen lernt das Kind erst spät und klammert sich stark an das Geländer.
10. Für ungewohnte Bewegungen benötigt das Kind ungewöhnlich viel Zeit.
11. Man hat das Gefühl, als ob das Kind den Raum nur ungenau beurteilen kann. Dies ist darauf zurückzuführen, daß es Bewegungen im Raum nicht gut wahrnehmen kann. (vgl. AYRES 1984, S. 125; WITTE 1989).

„Unser Verhältnis zur Schwerkraft stellt die wichtigste Quelle unseres Sicherheitsempfinden dar. Das schwerkraftverunsicherte Kind erzeugt in sich vermutlich das Gefühl, irgend eine Körperbewegung könnte es in einen anderen Raum befördern. Eine nur geringe Bewegung kann bei ihm bereits das Gefühl erzeugen, 'raumkrank' oder 'aus dem Raum geschleudert' zu werden" (AYRES).

Es läßt sich vermuten, daß schwerkraftverunsicherte Kinder mit einer Hyperaktion gegenüber der Schwerkraft es z.B. vermeiden, hochgehoben zu werden. Dies könnte ein Zeichen sein, warum Säuglinge von sich aus nicht die Arme heben, um aufgenommen zu werden. Aufgenommen zu werden, löst bei ihnen wahrscheinlich das Gefühl von Angst aus (es wird beobachtet, daß die Säuglinge zu schreien beginnen, wenn sie aufgenommen werden).

Behandlung von Störungen des vestibulären Systems

AYRES (1979, S. 90) betrachtet die vestibuläre Stimulation als effektivstes Mittel zur Behebung von SI-Störungen; sie sollte zusammen mit taktiler Reizung im Therapieverlauf möglichst früh eingesetzt werden.

Es werden zwei Arten von vestibulärer Stimulation unterschieden, die aktive und die passive. Passive Stimulation erfolgt, wenn das Kind geschaukelt oder gedreht wird, z.B. in der Hängematte, auf der Schaukel oder im Karussell.

Aktive Stimulation wird bei Kindern mit einer Überfunktion des vestibulären Systems empfohlen. Diese sich vor massiven Bewegungen ängstigenden Kinder werden aktiv an der Bewegung beteiligt, beispielsweise, indem sie beim Schaukeln in Bauchlage die Hände und Füße auf dem Boden haben, sich selber leicht abstoßen und somit die Stärke der Stimulation selber bestimmt. Es ist wichtig, daß die Kinder ganz langsam an eine immer stärkere Stimulation herangeführt werden, ohne sie als Bedrohung zu empfinden. Mit Anstieg der Toleranzgrenze und der besseren Organisationsfähigkeit des Gehirns gegenüber vestibulären Reizen werden die Kinder auch stärkere Stimulationen, wie sie z.B. beim Trampolinspringen, starkem Schaukeln oder Pedalofahren entstehen, nicht mehr ablehnen.

Abb. 23

Bei einer Unterfunktion des vestibulären Systems werden die Kinder über die verschiedenen Ebenen der vestibulären Stimulation stark gereizt (vgl. AYRES 1979, S. 91). Diese Kinder, bei denen die aufgenommenen Gleichgewichtsreize nicht in ausreichendem Maße ins Gehirn gelangen, suchen erfahrungsgemäß auch von sich aus Spielangebote, die eine massive vestibuläre Reizung beinhalten. Als unterschiedliche Möglichkeiten nennt AYRES (1979) das Drehen in einem Schaukelnetz, Drehungen in Kopf-, Bauch-, Rücken- oder Seitenlage, durch Vor- und Zurückschwingen oder durch langsames rhythmisches Hin- und Herschaukeln auf dem großen (90 cm Durchmesser) Therapieball.

In der Therapie ist es nach AYRES (1979) ganz wichtig, daß der/die Therapeutin die Reaktion des Kindes auf die Reizung beobachtet, da sie, egal ob sie auf aktive oder passive Weise erfolgte, sowohl organisierende als auch disorganisierende Wirkung haben kann, so kann z.B. die Atmung beeinträchtigt werden oder es kann zu Übelkeit oder Erbrechen beim Kind kommen.

Die Autorin hat beispielsweise beobachtet, daß manchmal Kinder mit einer Unterfunktion des vestibulären Systems beim Schaukeln immer mehr Anschwung fordern, dabei aber einen verkrampften Gesichtsausdruck haben und hektisch lachen. Dieses Verhalten kann als Anzeichen dafür gewertet werden, daß das Gehirn der Kinder die vestibulären Reize, die durch das Schaukeln erzeugt werden, nicht adäquat verarbeiten kann. Das Schaukeln muß daher unbedingt abgebrochen werden, was aber nicht bedeutet, daß das Kind keine vestibulären Stimulation braucht. Es müssen vorerst andere Arten der vestibulären Reizung gesucht werden, die vom Kind besser verarbeitet werden können. Vielleicht kann das kindliche Gehirn Gleichgewichtsreize, wie sie beim Rollbrettfahren oder Spielen auf dem Airtramp entstehen, besser integrieren.

Die Behandlung von Gleichgewichtsstörungen wird von AYRES (1979) in sechs Hauptschritte untergliedert, die im folgenden vorgestellt werden (vgl. AYRES 1979, S. 111).

1. Normalisieren des taktilen und vestibulären Systems im allgemeinen

2. Integration primitiver Haltungsreflexe

Dieser wichtige Schritt wird parallel zum ersten begonnen. Bei Kindern mit Störungen des vestibulären Systems sind die primitiven Haltungsreflexe nicht adäquat im Nervensystem integriert bzw. unterdrückt. Dadurch sind die entwicklungsmäßig späteren Gleichgewichtsreaktionen beeinträchtigt (vgl. AYRES 1979, S. 111/112).

Therapeutisches Ziel ist es daher, die primitiven Haltungsreflexe, insbesondere den tonischen Halsreflex (TNR) und den tonischen Labyrinthreflex (TLR) zu unterdrücken, um so die optimale Entwicklung der darauf aufbauenden Gleichgewichtsreaktionen zu ermöglichen. Hierzu nimmt das Kind aktiv die Position ein oder führt die Bewegungen aus, die die Muskelkontraktionen verursachen, die antagonistisch sind mit denen, die durch den primitiven Reflex ausgelöst werden (vgl. AYRES 1979, S. 112).

Beim TLR z.B. wird diese Position besonders effektiv durch das Herunterfahren einer Rampe in Bauchlage auf einem Rollbrett erreicht (vgl. AYRES 1979, S. 112).

Es ist häufig nicht ganz einfach, Kinder zur Einnahme dieser Lage zu motivieren, sie fahren lieber im Sitzen auf dem Rollbrett. Erfahrungsgemäß ist es günstig, wenn der/die TherapeutIn sich an den Spielangeboten beteiligt und mit den Kindern in dieser Position mitspielt.

3. Aktivation der Aufrichte- und Gleichgewichtsreaktionen

Im nächsten Stadium werden die Aufrichtereaktionen und die motorischen Muster des Herumdrehens, die kurz nach der Geburt auftreten, nachvollzogen. Der TLR, durch den das Kind den Kopf heben kann, wird durch das Fahren in der ausgestreckten Bauchlage auf dem Rollbrett wiederholt. Für die Wiederholung der motorischen Muster des Herumrollens kann das Kind in einer Decke oder ein großes Tuch eingewickelt, in einem Faß oder einer aus 5 zusammengebundenen Autoschläuchen bestehenden Röhren (in der das Kind so liegt, daß Kopf und Füße herausschauen) gerollt werden (vgl. AYRES 1979, S. 118). Als entwicklungsfördernd hat sich der Einsatz des großen Therapieballs (90 cm Durchmesser) erwiesen. Das Kind legt sich in Bauchlage auf den Ball und faßt mit seinen Händen die des/der TherapeutIn an. Durch Schieben und Ziehen an den Händen des/der TherapeutIn, ausgleichenden Bewegungen des Rumpfes und der Beine hält es normalerweise sein Gleichgewicht. Kinder mit mangelhaft ausgebildeten Haltemechanismen bzw. Gleichgewichtsreaktionen können diese adaptiven Reaktionen nicht ausbilden, sie liegen wie ein Sack auf dem Ball. Es wird empfohlen, daß der/die TherapeutIn durch leichtes Vor- und Zurückgehen das an den Händen gehaltene Kind zieht und schiebt (vgl. AYRES 1979, S. 119).

Zeigt das Kind nach einiger Zeit angepaßte Haltereaktionen in der Bauchlage, so können diese von ihm jetzt in der Vierfüßlerstellung ausgeführt werden; Möglichkeiten bieten sich hier auf der Plattformschaukel oder auf dem Therapieball. Der nächste Entwicklungsschritt ist dann das Sitzen. Gleichgewichtsreaktionen auf diesem Niveau werden z.B. beim Werfen-

und Fangen-Spielen, während das Kind auf der Plattformschaukel sitzt, erreicht (vgl. AYRES 1979, S. 121).

Als letzte Stufe erfolgen dann Gleichgewichtsspiele im Stehen, wie das „Seiltanzen“, bei dem das Kind auf einem aufgemalten Strich mit einem Regenschirm in der Hand balanciert. (Siehe Abb. 24 und 25)

AYRES (1979) betont, daß vor dem Einsetzen von Spielangeboten auf einer höheren Ebene die Gleichgewichts- und Haltereaktionen der Vorstufe gut beherrscht werden müssen. Werden beim Einführen von Übungen der nächsthöheren Stufe nach mehrmaligen Versuchen keine adaptiven Reaktionen ausgebildet, so sind vorerst wieder Angebote niedrigerer Stufe anzubieten (vgl. AYRES 1979, S. 121 ff.).

Abb. 24 und 25

Generell sollten zwischendurch immer wieder Angebote der niedrigeren Stufe wiederholt werden, da die Gefahr besteht, daß das Nervensystem in seine alten inadäquaten Organisationsformen, die sich in den letzten Jahren sehr verfestigt haben, zurückkehrt (vgl. AYRES 1979, S. 123).

4. Förderung der okularen Muskelkontrolle

Alle in diesem Kapitel bereits genannten Anregungen zur Förderung des vestibulären Systems haben einen positiven Einfluß auf die Kontrolle der Muskeln, die die Augenbewegungen steuern (vgl. AYRES 1979, S. 124).

5. Förderung der Koordination der sensomotorischen Funktionen beider Körperhälften

Werden die beschriebenen Entwicklungsschritte der Gleichgewichts- und Haltereaktionen wirklich beherrscht, hat dies zur Folge, daß beide Körperhälften besser zusammenarbeiten. Sehr gute Aktivitäten zur Verbesserung der interhemisphärischen Integration sind das Schlagen eines aufgehängten Balls mit einer Pappröhre und das Fangen mit zwei Schalen eines an Seilen befestigten Balls (vgl. AYRES 1979, S. 125).

Ist eine Verbesserung der Leistungen in diesem Bereich nicht zu beobachten, so kann dies als Anhaltspunkt dafür gewertet werden, daß die niedrigeren Stufen doch noch nicht gut ausgebildet sind und noch weiterer Förderung bedürfen.

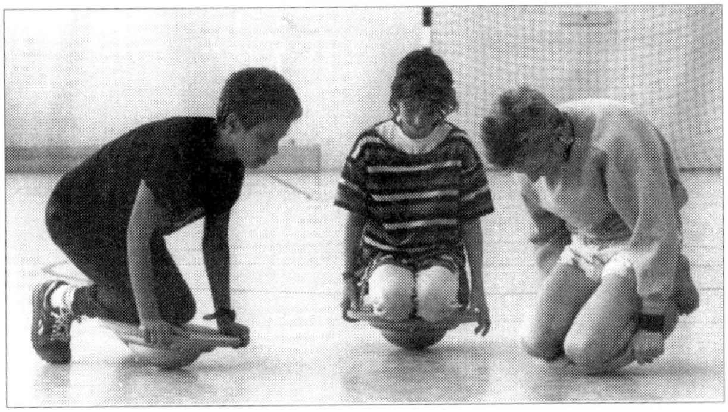

Abb. 26 und 27

3.3 Die kinästhetisch-propriozeptive Wahrnehmung und ihre Störungen

Die Kinästhesie (griech. Kinein = bewegen und aisthesis wahrnehmen) ist der Bewegungs- und Lagesinn; die Fähigkeit zur Empfindung der Richtung und der Geschwindigkeit der Bewegungen der Gliedmaßen gegeneinander – auch der Körper- und der Gelenkstellung und der Muskel- und Kraftleistung – als koordinierte Sinnesleistung verschiedener Typen von Rezeptoren der Tiefensensibilität.

Die Proprio(re)zeptoren (proprio. lat. das Eigene) sind Mechanorezeptoren, die als sensible Endorgane auf Zustandsänderungen des Bewegungs- und Halteapparates ansprechen (Muskeln, Sehnen, Gelenke, Knochen, Faszien) im weiteren Sinne auch die Rezeptoren in der Macula und Crista des Vestibularapparates im Innenohr.

Die Intereo(re)zeptoren sind „Empfänger", die auf intra- oder intero-rezeptiv – im Körperinnern – entstehende Reize ansprechen und so als „Steuerungsorgane" über das vegetative System und den Thalamus der unbewußten Regelung zahlreicher Körperfunktionen dienen sowie zu Schmerz- und Dehnungsempfindungen beitragen.

Die Kinästhetik oder Propriozeption vermittelt uns ein Gefühl für unsere Körperlichkeit und damit ein Identitätsempfinden.

Die Proprio- und Intero-Re-Zeptoren liefern Daten über den Anspannungsgrad der Muskulatur und geben dem Gehirn Informationen und Aufschluß über die aufeinander bezogenen Stellungen von Gelenken und Gliedern und Körperteilen.

Kinästhetisch-propriozeptive Stimuli sind körperinterne Informationen und damit intra-somatische „puts". Die meisten Sinne vermitteln uns etwas über die Außenwelt (In-puts) oder sind ein „gemischter" Sinn wie der Gleichgewichts-Sinn.

Störungen im Bereich des Propriozeptiven Systems

Das propriozeptive System ist für eine gute Sensorische Integration mitverantwortlich; die Propriozeption vermittelt uns ebenfalls ein Körperschema (durch Eigenempfinden der Gelenke, Muskeln usw.) und ein gutes Körperschema ermöglicht auch eine gute Körperkoordination. „Unsere Körperwahrnehmung besteht aus einem neuralen Gedächtnis über sämtliche Abschnitte unseres Körpers: die Größe, das Gewicht, die Grenzen, die derzeitige Position der einzelnen Teile zueinander und zu dem übrigen

Körper und ebenso auch über alle Bewegungen, die jemals mit einem Körperteil gemacht wurde. Das neurale Gedächtnis enthält auch Erinnerungen, die sich auf unsere Umgebung beziehen – Informationen über die Natur der Schwerkraft, über die Konsistenz einiger Dinge, über die Biegsamkeit anderer usw." (AYRES 1984, S. 135). Ohne ein ausgereiftes Körperschema wüßten wir nicht, wo sich welcher Teil des Körpers im Raum befindet oder ob er überhaupt vorhanden ist.

Die Tiefensensibilität teilt mit, wieviel Kraft aufgewandt werden muß, um z.B. ein Glas zum Mund zu führen und vor allen Dingen, wo sich der Mund befindet.

Das propriozeptive System und die beiden anderen relevanten Sinnessysteme ermöglichen es, sich in der Umgebung zurechtzufinden. Erfahrungen, die im Gedächtnis geblieben sind, erleichtern ein Erfassen der Umwelt und ein Bewußtsein kann sich über die räumliche Beschaffenheit eines Raumes bilden, indem man sich befindet.

„Sind die Sinnesinformationen vom Innenohr und von Muskeln und Gelenken – also die vestibulären und propriozeptiven Impulse – im Gehirn nicht ausreichend miteinander integriert, wird es für das Kind schwierig, bis es erkennt, wo es sich im Raum befindet und wie es sich bewegt" (AYRES 1984, S. 88). Ein ängstlich-zwanghaftes Bedürfnis nach der Gleicherhaltung der Umwelt, d.h. Veränderungsängste sind charakteristische Verhaltensweisen bei derart verunsicherten Kindern. Eine Störung im Bereich der Propriozeption in Verbindung mit den beiden anderen Basissystemen kann zu einer mangelhaften Information über das Umweltbild führen. Fehlt es an einer räumlichen Beziehung zwischen Raum und Körper, kann sich das Kind wahrscheinlich nur unzureichend mit dem Raum, den es umgibt, auseinandersetzen. Ein Raum, der unverändert bleibt, ermöglicht einem autistischen Kind, sich in diesem Raum zurechtzufinden. Das Kind hat eine Beziehung zwischen Raum und Körper hergestellt, dies vermittelt ein Sicherheitsgefühl. Wird in dieser Umgebung etwas verändert, können Ängste ausgelöst werden, da diese Situation eine neue Beziehung nur veränderten Umgebung erfordert. Kann dies nicht schnell genug geschehen, läßt sich vermuten, warum die Umwelt möglichst gleich erhalten bleiben soll. Auch die Angst vor fremden Räumen läßt sich dadurch erklären. Ein neuer Raum/neue Umgebung löst vermutlich ein Verlorensein in der Umwelt aus. „Da das autistische Kind nicht in der Lage ist, viele Reizeinwirkungen seiner Umgebung bewußt zu erleben, kann es die Gefühle auch nicht in seinem Nervensystem einbauen. Deshalb bekommt es keine klare Wahrnehmung des umgebenden Raumes und seiner eigenen Beziehung zu diesem Raum. Es braucht eine lange Zeit, bis das Kind eine visuelle

Wahrnehmung ausgebildet hat, und selbst wenn das Kind dann etwas sieht, kann es durchaus sein, daß es das betreffende Objekt nicht gut genug erkennt" (AYRES 1984, S. 179). Ein mangelhaftes Bild vom eigenen Körperschema kann auch erklären, warum Kinder nur bestimmten Körperteilen ihres Körpers Bedeutung schenken. Besitzt das Gehirn kein komplettes Bild vom ganzen Körper, sondern nur von einzelnen Körperteilen, so kann ein Kind sich nur auf Teile beschränken, die es wahrnimmt. Wenn ein Kind ein Körperteil einer anderen Person ebenso betrachtet als wäre es ein Einzelteil, kann dies vermutlich auch auf ein eigenes mangelhaftes Körperschema zurückzuführen sein. Wie soll das Kind eine fremde Person als Ganzes wahrnehmen, wenn es keine eigene komplette Vorstellung von seinem eigenen Körper hat?

Propriozeptive Stimulation

Propriozeptive Stimulation wird insbesondere durch Kontraktionen der Muskeln hervorgerufen. Besondere Bedeutung mißt AYRES (1979) denen bei, die sich gegen einen Widerstand richten. Wenn ein Kind z.B. auf dem Bauch in Flugzeughaltung liegt, erfordert das Hochheben des Kopfes eine starke Kontraktion der Nackenmuskulatur. Zusätzlich müssen die Hüft-, Schultergürtel- und Rumpfmuskeln kontrahieren, um Arme und Beine hochzuhalten (vgl. AYRES 1979, S. 94). In der Therapie kann ein Kind zur Einnahme dieser Haltung durch Spiele auf dem Rollbrett, und zwar in Bauchlage motiviert werden. Ferner zielen die therapeutischen Bemühungen auf die Stimulation der Gelenkrezeptoren ab. Dies geschieht z.B. durch das Ziehen eines auf dem Boden liegenden Kindes an den Füßen durch den Raum oder das Drücken seiner ausgestreckten Arme gegen seinen Körper.

Eine Fördermöglichkeit, die eine starke Kontraktion der Muskeln erfordert und gleichzeitig Zug und Druck bei den Kindern erzeugt, wird folgendermaßen durchgeführt:

Zwei TherapeutInnen halten ein Seil ca. 40 cm waagerecht über dem Boden. Das davor auf dem Rollbrett liegende Kind faßt das Seil mit den Händen an. Die TherapeutInnen ziehen das Kind an dem Seil durch den Raum und zwar so, daß das Kind auf eine an die Wand gestellte Weichmatte zufährt. Kurz vor Erreichen der Matte läßt das Kind das Seil los und stößt mit dem Körper gegen die Matte.

Weitere Möglichkeiten der propriozeptiven Reizung stellen das Trampolinspringen, das Beschweren des Körpers eines liegenden Kindes durch Auflegen von Matten, Sandsäckchen o.ä. dar.

3.4 Die taktile Wahrnehmung und ihre Störungen

Der sich nach der Befruchtung entwickelnde Mensch besteht anfänglich aus Haut (griech. derma, dermal = die Haut betreffend). Aus den Ento-, Ekto- und Meso-dermalen Keimblättern entwickelt sich das mit fast eindreiviertel Quadratmetern Fläche und ca. 3 Kilogramm Gewicht größte Organ des Menschen: die Haut. In jedem Quadratmeter Hautenden Tausende von Nerven, die einerseits Antennen zur Umwelt sind und andererseits auch ein intra-psychisches Körpergefühl und damit Identitätsgefühl aufbauen. Berührungsreize sind notwendig für die Entwicklung der Individual-Persönlichkeit und für zwischenmenschliche Beziehungen. Kinder ohne Hautkontakt gedeihen schlecht oder sterben gar, wie Experimente gezeigt haben.

Alle unsere Sinnesempfindungen haben ihre Quelle in speziellen Rezeptoren; sie versorgen unser Gehirn stetig mit einem Fluß von Informationen. Die Sinne, mit denen wir Berührungen, Hitze, Kälte und Schmerz empfinden, nennen wir Haut- bzw.- taktile Sinne (lat. tactus = Berührung, Gefühl).

Das taktile System ist das erste sensorische System, da es gleich zu Beginn da ist, wenn der gezeugte und sich entwickelnde Mensch sozusagen nur aus dermalen Keimblättern besteht; der Hautsinn ist bereits in utero funktionsfähig.

Wenn unser Finger einen Gegenstand berührt, nimmt dieser taktile Impuls folgenden Weg: Die druckempfindlichen Rezeptoren reagieren als erste auf den In-put; sie verändern ihre Form und senden ein elektrisches Signal aus, welches über eine Nervenfaser mit einer Geschwindigkeit von ca. 130 Metern pro Sekunde zum Rückenmark geleitet wird. Die Ranvierschen Knoten bündeln den Nervenimpuls; der Impuls durch- läuft den Zellkörper des Neurons und gelangt ins Rückenmark. Von dort wandert der Impuls hoch zum Hirnstamm und durchläuft die Relaisstationen Formatio reticularis und Thalamus und erreicht – eventuell – das sensorische Projektionsfeld im Cortex. Und das alles dauert nur den Bruchteil eines Zuckens mit der Wimper. Die Haut ist hier dargestellt als rein mechanisches Reizaufnahmeinstrument, deren In-puts auf elektrisch-chemischem Wege zum Gehirn gelangen und dort bearbeitet werden. Die Haut ist viel mehr als das: sie ist unsere Grenze und zwar im doppelten Sinne:

– sie begrenzt uns

– sie ermöglicht uns die Öffnung.

Alle Sinnesorgane sind arrivierte Haut-Organe; das taktile System hat entscheidenden Anteil an der kybernetisch-sensorischen Integration aller anderen Sinnes-In-puts und hat ganz entscheidenden emotionalen Charakter. Wenn wir schematisch argumentieren wollen, wird den peripheren taktilen Impulsen im Limbischen System Gefühlsqualität beigemengt; und nicht zu vergessen sind die Verknüpfungen der taktilen Impulse mit olfaktorischen (das Limbische System als arriviertes olfaktorisches Vorderhirn), mit visuellen und gustatorischen Eindrücken, um nur die an dieser Stelle wichtigsten zu nennen. Eine modale – eingleisig-lineare – Stufe der taktilen Empfindung gibt es schon intra-uterin nicht mehr; taktile Empfindung wird schon im Mutterleib in das System der Sinnesempfindungen und Sinnesbefindlichkeiten eingebettet. Neben der Berührungsempfindung (Druck/Zug durch Meissnersche Körperchen/Merkel-Zellen) nimmt die Haut Schmerz über die freien Nervenendungen), Kälte (über Krausesche Endkolben) und Wärme (über die Ruffinischen Endorgane) wahr, d.h.- wahrgenommen wird strenggenommen alles erst im Gehirn. Die Berührungsorgane sind unterschiedlich über den Körper verteilt und reagieren auch verschieden. Um eine Berührungswahrnehmung zu erzeugen, benötigt die Nase 2 g/cm^2, der Unterarm 33 g/cm^2 und der Handrücken 12 g/cm^2 Druck.

Wir unterscheiden die Sinne der Haut in
- Mechanorezeptoren (Berührung, Druck, Vibration)
- Thermorezeptoren
- Schmerzrezeptoren (Nocirezeptoren)

Die Mechanorezeptoren unterteilen wir wiederum in drei Arten:
- Druckrezeptoren (Intensitätsdetektoren)
- Berührungsrezeptoren (Geschwindigkeitsdetektoren)
- Vibrationsrezeptoren (Beschleunigungsdetektoren)

Die Thermorezeptoren teilen sich in Kälte- und Wärmeempfänger auf.

Sie informieren über Temperatur und sind Fühler für die Wärmeregulation des Organismus. Hierbei sind sie Informationslieferanten, vor allem für den Hypothalamus und das Rückenmark.

Schmerzrezeptoren informieren uns über schädigende Umwelteinflüsse und über schädigende intra-somatische Prozesse.

Schmerzrezeptoren liegen in der Haut und in der Tiefe (Muskeln, Knochen, Gelenke, Bindegewebe). Beim Schnitt mit dem Messer in den Finger ist der Schmerz ein anderer als bei kolikartigen Schmerzen der Niere und der dumpfe, hämmernde Migräneschmerz ist wieder von anderer Qualität.

Die Sinne der Haut vermitteln uns grundlegende Informationen über
- uns
- uns im Austausch mit uns und der Umwelt, da die Organismen „Mensch“ energetisch offene Systeme sind.

Haut-Impulse spielen bei der kybernetisch-sensorischen Integrationsverarbeitung eine zentrale Rolle, vor allem, da Haut- und Nervensystem sich aus der gleichen Gewebeschicht entwickelt haben. Nach der Befruchtung nistet sich der menschliche Keim ca. eine Woche später in der Gebärmutter ein. In der zweiten Woche bildet sich eine Keimscheibe mit zwei aufeinanderliegenden Zellschichten, dem inneren und äußeren Keimblatt: Entoderm und Ektoderm. Etwas später bildet sich das Mesoderm als mittleres Keimblatt. Aus dem Ektoderm bildet sich die Neuralrinne und dann das Neuralrohr; Vorläufer des Zentralnervensystems. (Abb. 28)

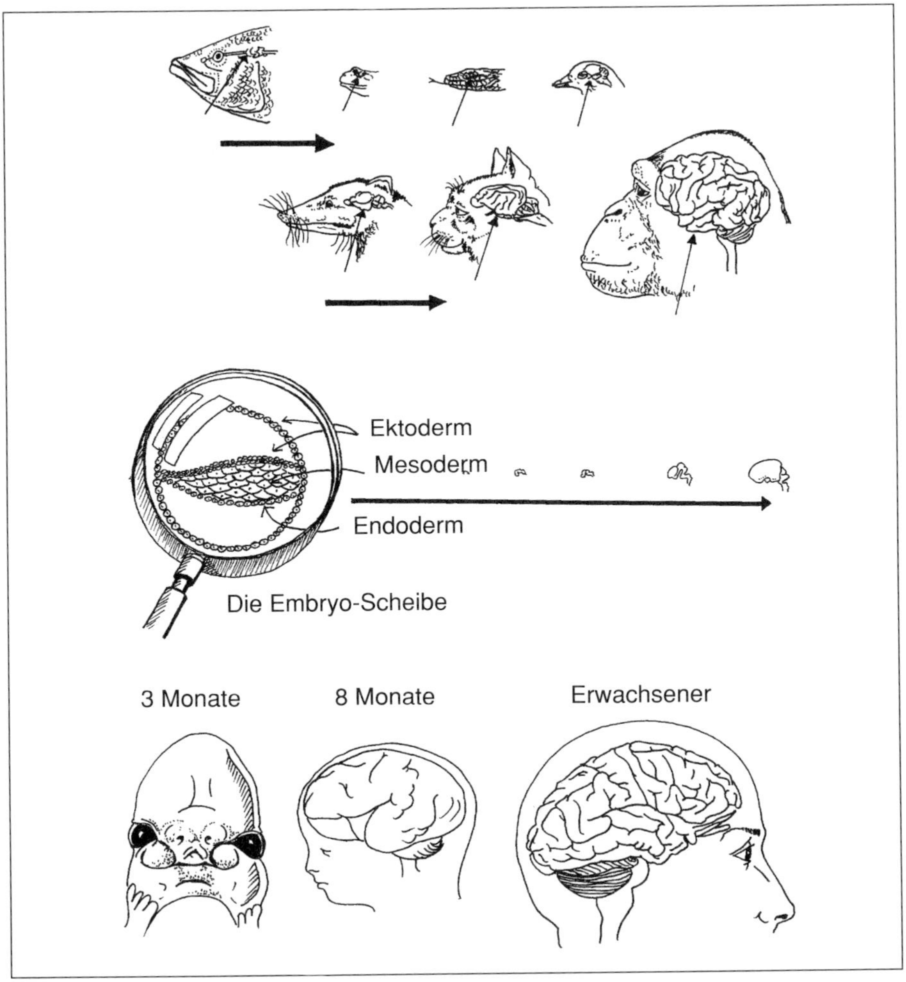

Abb. 28

Aus dem Ektoderm als äußerem Keimblatt bilden sich u.a. Nerven- und Gliazellen, Gehirn und Rückenmark, Retina und Glaskörper des Auges, Epithel der Sinnesorgane.

Störungen des taktilen Systems

Das taktile System ist ein Basissystem. Wie bei allen anderen Systemen kann es beim taktilen System zu Störungen kommen. Zum einen zur Hyperaktion (taktile Abwehr), zum anderen zur Hypoaktion.

Erste Empfindungen, um ein Gefühl für den eigenen Körper zu bekommen, sind die Erlebnisse über die Haut. Die Tastempfindung erzeugt nach und nach im Gehirn ein Bild des Körperschemas. Wenn diese Empfindungen nicht in richtiger Weise verarbeitet werden können, kann es zu einem ungenauen Körperschema kommen, d.h. das Kind weiß nicht genau, welcher Körperteil berührt wurde. Taktile Reize müssen im Gehirn unterschiedlich bewertet werden, es muß zwischen schädigendem und fördernden Reizen unterschieden werden. Werden taktile Reize aufgenommen und als schmerzhaft bzw. unangenehm empfunden, kommt es u. U. zu einer taktilen Abwehr.

Die Hyperaktion des taktilen Systems

Eine taktile Abwehr ist darauf zurückzuführen, daß Berührungsreize als zu schmerzhaft oder unangenehm bzw. nicht eingeordnet empfunden werden. Diesen Reizen versucht das Kind aus dem Weg zu gehen, oder es reagiert mit aktiver Abwehr. „Taktile Abwehr ist eine Tendenz, negativ und gefühlsbetont auf Berührungsempfindungen zu reagieren... Es ist überempfindlich gegenüber Reizen, die andere Menschen kaum spüren. Berührungsempfindungen erzeugen in einem solchen Kind enorme Mißempfindungen in seinem Nervensystem und bewirken ablehnende Gefühlsäußerungen und negatives Verhalten." (AYRES 1984, S. 135). Die taktile Abwehr, z. B. bei autistischen Kindern als Extrembeispiel kann diesem Bereich zugeordnet werden. Taktile Reize werden abgewehrt, da sie als Bedrohung empfunden werden. Hinzu kommt, daß im Hirnstamm nicht genau lokalisiert werden kann, wo ein taktiler Reiz ausgelöst wurde. In den sensorischen Bezirken der Hirnrinde kommen die Reize zu Bewußtsein, dies beinhaltet, daß auch die höheren Apperzeptionsstufen mit einbezogen werden müssen, um den Reiz genau lokalisieren zu können.

Werden taktile Reize nicht genügend gehemmt und die Berührungswahrnehmung nicht unterschieden, kann dies eine andere Wahrnehmung der Berührung auslösen. Vom Rückenmark hoch zu den einzelnen Funktionsarealen wird ein taktiler Reiz verarbeitet. Jede Ebene bildet ein Wahrnehmungsbild und leitet es u.U. weiter. Der Reiz wird auf jeder Ebene feiner unterschieden. Bahnende und hemmende Kräfte helfen, damit der Reiz richtig verarbeitet werden kann. Werden die Tastimpulse nicht richtig verarbeitet (nicht richtig abgestimmt), kann es zu einer Überempfindlichkeit und einer taktilen Abwehr kommen. Wird ein Kind mit einer taktilen Abwehr irgendwo am Körper berührt und diese Reize werden zu stark wahrgenommen und gleichzeitig hat das Kind noch Schwierigkeiten zu lokalisieren, wo dieser Reiz ausgelöst wurde, kann man sich vorstellen, daß diese Kinder mit Angst reagieren und es nicht mögen, von anderen Personen berührt zu werden. Selbst ein neues Kleidungsstück kann durch den Druck, den es auslöst, Ängste hervorrufen. Berührungen am Kopf sind besonders kritisch, da die Reize von dort aus schneller zu dem entsprechenden Hirnabschnitt gelangen.

Die Hypoaktion des taktilen Systems

Bei einer Hypoaktion der taktilen Wahrnehmung werden Empfindungen vermutlich nicht richtig gebahnt. In diesem Fall werden taktile Reize aufgenommen, aber auf dem Weg zum Gehirn gehen sie verloren und verlieren ihre Intensität. „Um eine entsprechende Wahrnehmung oder ein sinnvolles Verhalten zu erzeugen, muß der Nervenreiz auf dem richtigen Weg bleiben. Wenn sensorische Reizung keine angepaßte Wahrnehmung oder Reaktion hervorruft, wissen wir, daß irgendwo im Nervensystem Synapsen den Reiz nicht weiterleiten. Diese Informationen gehen im Labyrinth des Nervensystems verloren“ (AYRES, 1984, S. 63).

Man kann sich so vorstellen, daß autistische Kinder sich z.B. verbrühen können, ohne dabei Schmerzen zu empfinden. Es soll im Extremfall Kinder geben, die lächeln, wenn sie Schläge erhalten. Es läßt sich vermuten, daß der starke Druck, der ausgeübt wird, nicht bewußt wahrgenommen werden kann, so wie von Kindern mit einer guten sensorischen Integration Berührungen angemessen empfunden werden können. Kinder, die Schwierigkeiten haben, Berührungen bewußt zu erleben, benötigen wie andere Kinder taktile Reize, um das Gehirn zu stimulieren; es wird oft beobachtet, daß diese Kinder selbststimulierend Reize an ihrem Körper auslösen und daß es dabei zu Selbstverletzungen kommen kann. „Sie reagieren auch oft nicht auf Hinfallen oder Sichstoßen, so als ob sie gar keine Schmerzen empfinden – außer wenn der Sturz sehr intensiv war“ (AYRES, 1984, S. 176).

Es scheint, daß ein Reiz, der zu Bewußtsein gelangt, von starker Intensität sein muß, um registriert zu werden.

„Diese Störung zeigt sich in übermäßigen Reaktionen auf bestimmte Typen taktiler Reize. Taktile Reize werden als drohende Gefahr interpretiert und der Mensch reagiert in Form von Abwehrbewegungen, Flucht oder verbaler Abwehr. Dieses Syndrom wird öfters mit Apraxie gefunden, weil die beiden gemeinsam eine Störung in den taktilen Modalitäten haben." AYRES Faktorenanalysen haben stets taktile Abwehr in der Verbindung mit mangelhaftem taktilen Unterscheidungsvermögen, Hyperkinesis und Konzentrationsstörung, Verhaltensstörungen gefunden.

AYRES stellt als Theorie auf, daß diese taktile Überempfindlichkeit ein Teil einer allgemeinen Überempfindlichkeit des Nervensystems ist. Kinder mit dieser Störung zeigen auch Überreaktion (englisch: Over-responsiveness) auf akustische, olfaktorische und manchmal visuelle Stimuli.

Die Symptome der „taktilen Abwehr" sind ein Resultat der mangelhaften oder ungeordneten ontogenetischen Entwicklung der taktilen Modalitäten (System) und nicht ein Resultat eines Mangels der oder an taktilen Reizen (Stimuli).

Es gibt viele Theorien über die phylogenetische Entwicklung des taktilen Systems und die Typen oder die Arten des taktilen Systems. Im allgemeinen könnte gesagt werden, daß es ein Ungleichgewicht zwischen einem Typ „taktiles Abwehrsystem", das mit allgemeiner Sinnesempfindung und Gefühl zu tun hat, und einem Typ „unterscheidendes System", das räumliche und zeitliche Qualitäten der taktilen Stimuli unterscheidet, gibt. Das „unterscheidende System" ist hoch diskriminierend und kann z.B. wenige Grade Temperatur unterscheiden. Beide Systeme vermitteln Auskunft über Schmerz. Durch mangelhafte Inhibition (vielleicht auf Grund einer Hirnschädigung), herrscht das primitivere „Abwehrsystem" vor. Dieses interpretiert ständig taktile, akustische, olfaktorische Reize als mögliche Schädigungseinflüsse.

Das „taktile Abwehrsystem" ist phylogenetisch älter und ist notwendig für den Schutz und das Überleben des Körpers. Es spielt eine wesentliche Rolle im Leben des Neugeborenen. Das „taktile Abwehrsystem" wird allmählich inhibiert, so daß das taktile „unterscheidende System" den Vorrang erlangt. Das taktile unterscheidende System vermittelt dem Kind spezifische Auskunft über seine Umwelt. Wenn, durch mangelnde Inhibition, das „Abwehrsystem" den Vorrang hat, wird nicht nur das taktile Wahrnehmen (Perzeption), sondern die gesamte, körperliche, geistige und seelische Entwicklung gestört. Ein solches Kind kann die Berührung nicht lokalisieren und kann nicht Temperaturen oder die Stärke der Berührung nicht unterscheiden. Sogar mütterliche Zärtlichkeit, wie Streicheln, wird als unangenehm empfunden und abgewiesen. Es gibt Kinder, die Flasche, Löffel oder feste Nahrung verweigern. Die taktilen Reize von diesen Gegenständen sind zu „schmerzhaft" für sie. Das Kind macht sich steif oder schreit.

Es ist ständig reizbar und stets auf der Flucht. Seine Umwelt bereitet ihm nur Angst.

Dieses Syndrom der „taktilen Abwehr“ wird auch in milderen Formen gesehen, z.B. protestieren Kinder, wenn jemand sie am Kopf streichelt. Kinder, die nur sekundenweise auf jemandes Schoß sitzen mögen; Kinder, die klagen, daß ihre Kleider kratzen oder Kinder, die nicht die Zahnbürste im Mund vertragen können“ (ALBRECHT 1980, S. 9/10)

Symptome der taktilen Abwehr:

1. Das Kind mag nicht gerne berührt werden. Dies äußert sich z.B. wenn die Mutter dem Kind das Gesicht oder die Haare waschen, die Fingernägel schneiden, die Ohren reinigen oder beim Anziehen helfen will.
2. Berührungen während der Zahnbehandlung oder beim Haareschneiden werden als unangenehm empfunden, was dadurch zum Ausdruck kommt, daß sich das Kind auf dem Stuhl immer hin und her bewegt.
3. Es vermeidet körperlichen Kontakt zu Freunden und mag es nicht, wenn andere Leute dicht bei ihm stehen.
4. Das Kind bevorzugt langärmelige Kleidung, auch wenn ihm warm ist.
5. Kleidungsstücke aus bestimmtem Material mag es nicht tragen.
6. Das Kind hat ein ungewöhnliches Bedürfnis, Oberflächen oder Gewebe, wie Decken, Teppiche oder Stofftiere anzufassen oder zu meiden.
7. Es greift nicht gerne mit den Fingern in den Sand und malt nicht gerne mit Fingerfarbe usw.
8. Das Kind läuft nicht gerne barfuß. (vgl. AYRES 1984, S. 160)

Taktile Stimulation

Die taktile Reizung ist von zentraler Bedeutung in der sensorischen Integrationstherapie, da sie die gesamte neurologische Integration und auch die anderen sensorischen Sinneswahrnehmungen stark beeinflußt (vgl. AYRES 1979, S. 87). Taktile Reizung kann durch das Eincremen des Kindes mit Rasierschaum oder mit Lebensmittelfarbe gefärbter Hautcreme, durch Bürsten mit einer Bürste, das Streicheln mit einem Pinsel oder einer Feder, Reiben der Haut mit unterschiedlichsten Materialien, wie Samt-, Cord- oder Baumwollstoff, das Ertasten von nicht sichtbaren Gegenständen unterschiedlicher Beschaffenheit (rauh-glatt; warm-kalt; groß-klein) usw. erfolgen. Stimulation der Haut durch Samt, Seide oder die Hand des/der TherapeutIn werden i.d.R. als angenehmste Mittel empfunden. Weiterhin gilt, daß durch die eigene Person verursachte Berührungen eher akzeptiert werden als die von jemandem anderes vorgenommenen (vgl. AYRES 1979, S. 87).

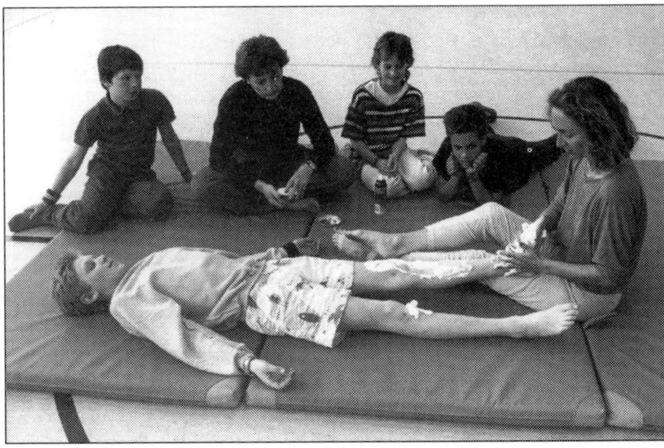

Abb. 29

Ein Rezept, welche Körperteile in der Therapie wie stark und in welcher Form am besten stimuliert werden soll, kann nicht gegeben werden. AYRES (1979) empfiehlt insbesondere die Stimulation des Mundbereiches, und zwar wegen seiner grundlegenden Natur und seiner Verbindung zur Sprache (vgl. AYRES 1979, S. 88).

An Handrücken und Unterarmen wird normalerweise die geringste und im Gesicht und an den Füßen die stärkste Abwehr hervorgerufen. Ein taktil abwehrendes Kind sollte z.B. durch das Schlafen auf einem Frotteehandtuch oder einer Wolldecke ganz allmählich an eine stärkere taktile Reizung herangeführt werden. Auch eine Einleitung der Therapie durch propriozeptive Stimulation kann hilfreich sein (vgl. AYRES 1979, S. 87/88).

Der/die TherapeutIn erhält die beste Rückmeldung darüber, ob die taktilen Reizangebote dem Kind helfen, indem die Reaktion des Kindes genauestens beobachtet wird. Denn was dem Kind Spaß bereitet, kann auch als integriert betrachtet werden. Zu beachten ist aber, daß ein Kind innerhalb kurzer Zeit seine Toleranz gegenüber bestimmten Reizen ändern kann, was mit der Tatsache zusammenhängt, daß „die Interpretation des Reizes bis zu einem gewissen Ausmaß vom Status des Nervensystems abhängig ist, indem der Reiz auftritt" (AYRES 1979, S. 88) und dieser sich ganz plötzlich ändern kann.

Die Stimulation muß abgebrochen werden, ebenso, wenn die taktile Reizung zu stark war und einen disorganisierenden Effekt auf das Gehirn ausübt, wodurch Schlaf- und Konzentrationsstörungen auftreten können (vgl. AYRES 1979, S. 88/89).

3.5 Die auditive Wahrnehmung und ihre Störungen

Das Ohr als peripher-auditives Wahrnehmungsorgan nimmt Schallwellen auf, formt diese in Nervenimpulse um, damit das Gehirn diese Impulse „verstehen“ kann. Das Hören ist ein subtiles Zusammenspiel unserer Ohren, der Hörbahnen und der Hörzentren.

Kurze schematische Darstellung des Hörablaufes: Eine Schallwelle trifft auf das Trommelfell, wird dann über das Mittelohr in die Schnecke geleitet, erzeugt dort auf der Grundmembram eine Schwingung, durch die die Haarzellen des Corti-Organs bewegt werden, es entstehen elektrische Spannungen, die als Signale auf die Gehörnerven wirken und als verschlüsselte Impulse an das Gehirn geleitet werden und dort dem Apperzeptionsprozeß unterworfen werden.

Der Luftschall (Moleküle) trifft durch den äußeren Gehörgang auf das Trommelfell, welches dadurch in Schwingungen versetzt wird. Die Schwingungen des Trommelfells werden über die Gehörknöchelchen auf die Flüssigkeit des Innenohrs übertragen. Durch das Mittelohr wird der Schalldruck verstärkt – der Schallwellenwiderstand der Innenohrflüssigkeit ist größer als der der Luft. Die Schwingung, die von der Steigbügel-Fußplatte durch das ovale Fenster auf die Flüssigkeit der Schneckengänge übertragen werden, führen zu einer Volumenverschiebung der Flüssigkeit. Die Haarzellen des Corti-Organs werden erregt und zwar an der Stelle des Amplitudenmaximum der Welle. Hohe Töne bewirken am Anfang der Basilarmembran ein Amplitudenmaximum, tiefe Töne mehr im inneren der Cochlea (Schnecke).

Die Zellen wandeln die winzigen mechanischen Verformungen in eine neuronale Erregung um, die daraufhin einen Neurotransmitter ausschütten, der Nervenfasern erregt, die zum Hörnerv führen.

Die Lautstärke ist das Ergebnis der Amplitudenunterschiede von Schallübertragungen; die Lautstärke wird also durch die Größe der Schwingungen bestimmt und in Dezibel gemessen. Die Höhe des Tons hängt von der Schwingungszahl pro Sekunde (Frequenz) ab. Unser Hören hat also einen Zeit- und einen Raumaspekt und das Raum- und Zeit-Empfinden haben einen Hör-Aspekt.

In der Physik wird das Raumhafte als Wellenlänge bezeichnet und das Zeithafte als Frequenz. Höhe Töne haben schnelle, tiefe Töne langsame

Frequenzen, die in Hz (Hertz) gemessen werden (1 Hz = Schwingung pro Sekunde). Saitenlänge (Raum) und Schwingungszahl (Zeit) verhalten sich reziprok zueinander: je größer die Frequenz, desto kleiner die Amplitude.

Hör-/Sprachstörung

Mit der akustischen Wahrnehmung verhält es sich wie mit der visuellen, auch hier werden Reize auf Hirnebenen mit anderen Sinnesinformationen verbunden, wodurch ihre Bedeutung immer klarer wird. Wie bei den optischen Funktionen stellt der Hirnstamm mit seinen Verarbeitungsprozessen das Fundament für die komplexeren, auf höheren Ebenen erfolgenden Funktionen her, die notwendig sind, um Sprache zu bilden (vgl. AYRES 1984, S. 171).

Symptome der Hörstörungen:

1. Das Kind kann Tonhöhen schlecht unterscheiden.
2. Die Fähigkeit des Richtungshörens ist beeinträchtigt.
3. Manche Kinder mit einer Hörverarbeitungsstörung sind extrem geräuschempfindlich (vgl. BAUER 1986, S. 50)

Das Ohr ist so beschaffen, daß es Schallwellen aufnimmt. Diese Schallwellen reizen das Innenohr, so daß Impulse in den Hirnstamm geleitet werden. Sie werden dort mit anderen Impulsen (die das vestibuläre, das taktile, das propriozeptive System usw. betreffen) verarbeitet. Die akustischen Impulse werden mit anderen Sinneswahrnehmungen kombiniert, wobei das limbische System (Gefühlszentrum) eine große Bedeutung für die Wahrnehmung von Sprache zu haben scheint. Akustische Impulse werden im Limbischen System mit emotionalen Impulsen zu den verschiedenen Abschnitten der Großhirnrinde weitergeleitet. „Wenn die Hörinformation nicht mit anderen Arten sensorischer Informationen auf jedem Hirnniveau kombiniert würde, hätten wir Schwierigkeiten, die Bedeutung dessen zu erkennen, was wir gerade hören. Eine Kombination von Integration mit Gleichgewicht und Impulsen anderer Sinnesorgane ist nötig, um den Inhalt des Gehörten zu verstehen. Auf jedem Hirnniveau wird die ankommende Nachricht deutlicher und genauer. Die beschwerlichste und komplizierteste Leistung dieses Prozesses ist die Umdeutung bestimmter Laute zu sinnvollen Silben und Worten“ (AYRES 1988, S. 46 ff.).

Die Hyperaktion des auditiven Systems

Sind die auditiven Reize zu stark, d.h. ist das Gehirn nicht in der Lage, den akustischen Reiz in angemessener Weise zu hemmen, kann ein Geräusch zu laut wahrgenommen werden. Das autistische Kind scheint diesen zu laut wahrgenommenen Reizen aus dem Weg zu gehen bzw. sich die Ohren zu verschließen, um die Geräusche zu hemmen. „... oder aber es schaltet völlig ab; in diesem Fall verhält es sich so, als ob es vollkommen taub wäre“ (DELACATO 1974, S. 95). Das würde bedeuten, daß diese autistischen Kinder in der Lage sind, Geräusche durch eine plötzlich auftretende Hypoaktionsreaktion abzuschalten. Dagegen spricht J. AYRES Ansicht, „Das autistische Kind gewöhnt sich nicht an ein konstantes Geräusch und kann es nicht ‘abschalten’. ...Manchmal wird ein Geräusch von ihm zu stark registriert, ein anderes dafür zu schwach“ (AYRES 19084, S. 175). Das kann bedeuten, daß zum einen die Inhibition versagt und zum anderen plötzlich die Fazilitation einsetzt, jedoch nicht in ausreichender Funktion, um die Reize in angemessener Weise zu verarbeiten. Um dies zu verdeutlichen, zitiere ich eine Autobiographie von Darren WHITE. „Ein weiterer Trick, den meine Ohren mir spielten, war, den Umfang der Geräusche um mich her zu verändern. Manchmal, wenn Kinder mit mir sprachen, konnte ich sie kaum verstehen und andere Male klangen sie wie Schüsse. Ich dachte, ich würde taub werden. Ich hab nicht die entfernteste Idee, was damals nicht stimmte. Ich fürchtete mich auch vor dem Staubsauger, dem Rührgerät und dem Mixstab,... Der Bus startete mit einem Donnerschlag, der Motor klang fast viermal so laut wie normal, und ich hielt die meiste Zeit meine Hände vor die Ohren. ... Als wir zurückfuhren, ließen meine Ohren die Geräusche leiser erscheinen, nicht mehr lauter, so konnte ich den Bus nicht starten hören“ (WHITE 1988, S. 13). Er beschreibt weiter, daß sich die Sprache der Leute um ihn herum gelegentlich anhörte, als ob Ballons platzten und laute Geräusche bei ihm Schmerzen verursachten. Er beschreibt eine Begebenheit, bei der er scheinbar taub gewesen sein soll. Bei einem Feuerwerk soll er so herumgelaufen sein, als würde er gar nichts hören.

Die Hypoaktion des auditiven Systems

Die auditive Hypoaktion zeichnet sich dadurch aus, daß Kinder laute Geräusche aufsuchen, im Gegensatz zu überempfindlich reagierenden Kindern. Sie suchen Geräusche auf, gelegentlich legen sie ihr Ohr an vibrierende Oberflächen. Waschräume haben wahrscheinlich wegen ihrer geringen dämpfenden Wirkung eine große Anziehungskraft, d.h. Geräusche können hier stärker klingen und die aufgenommenen Reize können im Gehirn verarbeitet und wahrgenommen werden.

Sprachstörungen (Hör-/Sprachstörungen)

„Sprache ist die komplexeste Leistung, die ein Mensch vollbringen kann“ (AFFOLTER 1975, S. 22). Sprachstörungen haben ihre Ursache in gestörten Wahrnehmungsprozessen, so fand AFFOLTER (1975) heraus, die ihre Annahme auf Untersuchungsergebnisse in der klinischen Arbeit und Forschung an schwer sprachgestörten Kindern stützt. Sie stellt fest, daß neben den verbalen Schwierigkeiten ebenfalls Auffälligkeiten in komplexen nicht-verbalen Leistungen zu beobachten sind. Dabei entsprechen die verbalen und nicht-verbalen Leistungen der gleichen Entwicklungsstufe (AFFOLTER 1975, S. 224). Auch AYRES (1984) betrachtet Sprachstörungen als Fehlfunktion von Wahrnehmungsprozessen. Eine gute Artikulation erfordert sehr spezifische Bewegungen des Mundes, der Zunge und der Lippen, deren Voraussetzung eine gute Bewegungsplanung darstellt. Bei Kindern mit Sprachstörungen wird daher oftmals auch eine Dyspraxie beobachtet (vgl. AYRES 1984, S. 170/171).

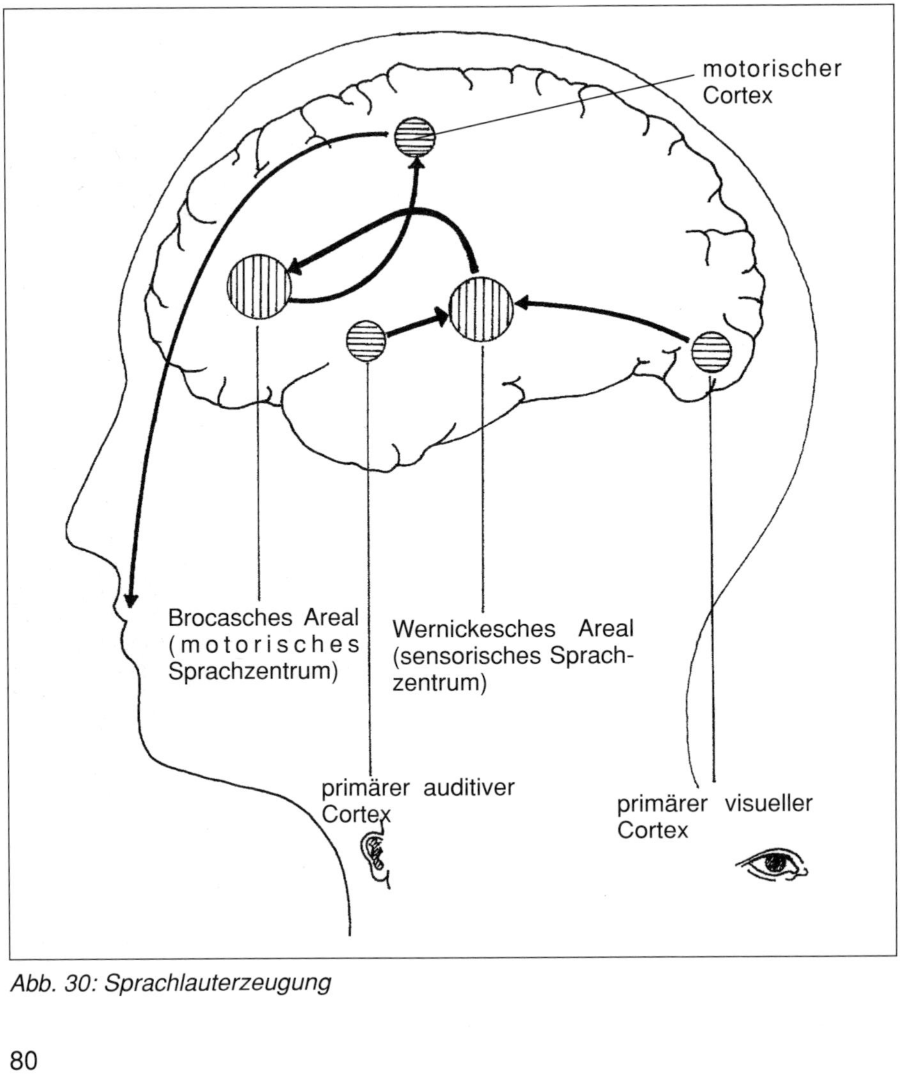

Abb. 30: Sprachlauterzeugung

Symptome der Sprachstörungen

1. Allgemeine Sprachentwicklungsverzögerung und
2. Artikulationsschwierigkeiten. (vgl. BAUER 1986, S. 63)

Sensorische Integration ist ein ständiger Prozeß, jede höhere Integrationsstufe setzt ein erreichtes niedrigeres Integrationsniveau voraus. Bevor ein Kind Worte versteht, muß es seine akustische Wahrnehmung integrieren und bevor es spricht, muß es eine gute kinästhetisch-propriozeptive Wahrnehmung haben. Alle Empfindungen stehen in einem engen Regelkreis mit dem Vestibulärsystem im Innenohr.

Nach AYRES sind „Kinder mit bestimmten vestibulären Störungen in ihrer Sprachentwicklung verlangsamt, obwohl die Sprache, wenn sie erst einmal kommt, oft normal ist. Die Wortaussprache erfordert alle drei grundlegenden sensorischen Systeme – taktil, vestibulär und propriozeptiv. Selbst ein einfaches einsilbiges Wort wie „Loch" oder „Haus" benötigt eine sehr genaue Stellung der Zunge und der Lippen. Viele Kinder mit Störungen der sensorischen Integration können nicht genau fühlen, wo ihre Zunge ist und wie ihre Lippen sich berühren, so daß man ihre Worte nur schwer verstehen kann" (AYRES 1984, S. 91).

Eine Verzögerung der Sprachentwicklung ist nach AYRES ein Hinweis auf eine sensorische Integrationstörung. Sprechen erfordert zahlreiche sensomotorische Funktionsleistungen und so tritt das Sprechvermögen häufig verzögert auf, wenn irgendein Hirnabschnitt nicht effekiv arbeitet.

Sprachlicher Entwurf und sprechmotorische Umsetzung sind in besonderem Maße sowohl an das Gleichgewichtsorgan als auch an das auditive System gebunden.

„Da die Gesellschaft auf die Schulen Druck ausübt, ihre Anstrengungen zu verstärken, um den Kindern das Lesen besser beizubringen, reagieren diese in der Weise darauf, daß sie versuchen, immer jüngere Kindern – also bereits im Vorschulalter – das Lesen zu lehren. Bei einigen Kindern ist das Gehirn im Kindergartenalter bereits fähig, Lesen zu lernen. Bei anderen jedoch hat sich die Fähigkeit, die optische Verarbeitung des gedruckten Wortes in gesprochene Sprache zu übertragen noch nicht entsprechend ausgebildet. Für diese Kinder bedeutet das ruhige Sitzen an einem Pult lediglich, daß ihnen die vestibulären, propriozeptiven und taktilen Erfahrungen vorenthalten werden, die sie zur Ausbildung der Lesefähigkeit in ihrem Gehirn benötigen. Wenn man dagegen die Unterrichtung im Lesen so lange zurückhält, bis eine Behandlung mit sensorischer Integration dem Kind geholfen hat, seine visuellen Verarbeitungsprozesse zu verbessern, kann man es dazu bringen, daß es sehr viel schneller und auf die Dauer auch besser zu lesen versteht. Es wird ihm außerdem auch helfen, sein Selbstbewußtsein zu erhalten“ (AYRES 1984, S. 162/163).

Wenn Sprache, Lesen, Rechnen, Schreiben und/oder das Verhalten schlecht bzw. beeinträchtigt sind, weil das Gehirn nicht richtig arbeitet, ist es sehr effektiv, zunächst nur die primären, basalen Voraussetzungen zu schaffen, auf denen dann das Gehirn qualitativ hochstehende sekundäre Prozesse wie Sprache etc. aufbauen kann.

Heißt das für die Sprachheilarbeit, bei Störungen, wie Dyslalie, Stottern und Poltern auf sensorische Integrationstherapie umzusteigen, bzw. Elemente aus ihr in die eigentliche sprachheiltherapeutische Arbeit zu integrieren oder das neue „Wunderkonzept“ aus den USA den Krankengymnasten, Ergotherapeuten, Beschäftigungstherapeuten für die Behandlung von Körper-, Lern- und Verhaltensbehinderungen zu überlassen?

Zumindest sollten Sprachtherapeuten jeglicher Couleur immer im Auge behalten, daß Sprache zu den sekundären Hirnfunktionen zählt. Als sich die Sprache im Laufe der Phylogenese entwickelte, fand sie das Gehirn als ein vollendetes Funktionssystem vor.

„Die einzelnen Rindenabschnitte des Gehirns waren für bestimmte Grundfunktionen zuständig. Die Sprache mußte sich daher sekundär in das bereits fertige Gerüst der primären Hirnfunktionen einfügen. Sie konnte sich also nur auf der Basis ihrer Grundelemente verankern, d.h. der motorischen, sensorischen, kinästhetischen, akustischen und optischen Anteile ihrer Funktion. Es gibt somit keine umschriebene Lokalisation der Sprache. Es handelt sich vielmehr um ein Funktionsnetz... Die Sprachzentren lassen sich deshalb nur auf den Spuren ihrer, den primären Hirnfunktionen entsprechenden Grundelemente in ihrer Lokalisation verfolgen. Unter einem Zentrum versteht man einen Teil des zentralen Nervensystems, das für das Zustandekommen eines zentral-nervösen Vorganges eine ausschlaggebende Bedeutung besitzt. Es handelt sich daher bei den Sprachzentren nicht um den Sitz bestimmter Funktionen, sondern um Störungszentren, von denen aus bestimmte, die Sprache betreffende Hirnfunktionen gestört werden können. Sprachregionen sind somit keine Primärzentren; sie werden sekundär durch Funktionseinstimmung für die Sprache herangezogen“ (WIRTH 1983). Wie soll also Sprache funktionieren, wenn die Basis der sensomotorischen Funktionen nicht oder nicht ausreichend entwickelt ist? Senorische Integration (SI) in der Sprachtherapie setzt beim Fundament, an der Basis, an und führt dann – manchmal „wie von selbst“ – zur Sprache als hochkomplexer Leistung. Jean AYRES (1984, S. 170/171) äußert sich in einem Kapitel über „Hör- und Sprachprobleme“ hinsichtlich kindlicher Sprechstörungen folgendermaßen: „Das Gehirn arbeitet als Ganzes, und jeder Teil des Gehirns arbeitet mit vielen anderen zusammen. Für denjenigen Hirnabschnitt, der Sprache und Sprechvermögen steuert, ist es besonders wichtig, über guten Kontakt mit dem übrigen Gehirn zu verfügen – besonders mit dessen sensorischen und motorischen Abschnitten. Nur im gesamten Großhirn ablaufende einwandfreie Prozesse ermöglichen dem Kind eine leichte und sinnvolle Bewegungsplanung.

Sprechen und im besonderen Sprechenlernen erfordert eine sehr komplexe Bewegungsplanung. Es verlangt die Fähigkeit, aus eigenem inneren Antrieb eine motorische Handlung aufzunehmen. Außerdem muß man die Bewegungsabläufe so ordnen, daß der dabei entstehende Ton ein Wort bildet. In seinem eigenen Gehirn muß das Kind entscheiden, welches Wort dem anderen folgt. Ganz spezifische Bewegungen des Munds, der Zunge und der Lippen sind für eine gute Artikulation erforderlich. Diese Forderungen sind im wesentlichen ebenso wichtig wie die, welche man für die Planung einer Handlung des gesamten Körpers benötigt. Es wird deshalb verständlich, daß ein Kind mit Sprach- und Sprechproblemen oftmals auch eine Entwicklungsdyspraxie aufweist.“

Sensorische Integration (SI) und Dyslalie

Stammeln (Dyslalie) ist einerseits eine Störung der Artikulation und damit auf der Erscheinungsebene eine Sprechstörung. Bei der Dyslalie werden einzelne Laute oder Lautverbindungen falsch gebildet, weggelassen oder durch andere – falsch oder korrekt gebildete – Laute ersetzt.

Dyslalie tritt auch oftmals ohne Dysgrammatismus und eingeschränkten Wortschatz auf; ist jedoch oft Teilsymptom einer verzögerten Sprachentwicklung.

– Motorische Dyslalie
  Diese Dyslalie liegt im motorisch-expressiven Abschnitt der Sprechleistung.

Wenn wir uns die Sprache als sekundär und die (Senso-)Motorik als primär vergegenwärtigen ist verständlich, warum SI-Therapie, aber auch Psychomotorik allgemein unter Umständen bei einem motorischen Stammeln erfolgreich sein kann. Meistens findet sich eine direkte Beziehung zwischen dem Grad des motorischen Rückstandes und dem Ausmaß der Sprechstörung. Es erscheint logisch, daß eine SI-Therapie, die dem dyspraktischen Kind zu einer besseren sensorischen Integration und Bewegungsplanung verhilft, auch beim Aufbau sprechmotorischer Muster effektiv ist.

Besonders Übungen im kinästhetischen (propriozeptiven) und auditiven Bereich bieten sich bei einer motorischen Dyslalie an. Eine auditive Stimulation ist besonders bei dem sogenannten „konditionierten" Stammeln angebracht, aber auch generell, da laut AYRES alle Sprach-/Sprechstörungen „Auditory-Language"-Störungen sind. Eine auditive kinästhetische Stimulation im Rahmen einer allgemein sensomotorischen Förderung würde sich auch bei einer sensorischen (impressiven) Dyslalie anbieten.

Sensorische Integration und Stottern

Zu dem Themenbereich des Stotterns äußert sich Jean AYRES unseres Wissens nicht explizit. Interessant finden wir die Gegenüberstellung des Jean AYREschen Modells der sensorischen Dysfunktion mit dem Modell, das Peter FIEDLER und Renate STANDOP in ihrem Buch „Stottern" (München 1978) hinsichtlich eines neurophysiologischen Modells der Entstehung und Aufrechterhaltung des Stotterns beschreiben: „Van RIPER (1971) hat auf der Grundlage der Theorien zur auditiven Sprechkontrolle eine plausible Erklärung für das Phänomen des „Entwicklungsstotterns" gegeben ..., der wir uns hier ein Stück weit anschließen möchten. Hierzu, anhand eines globalen neuro-physiologischen Modells zunächst einige Erläuterungen...

Dem zentralen Schaltemelement dieses Modells haben wir die Koordination der Aussprache zugeordnet. Diese hypothetische Einheit des Zentralnervensystems reguliert im motorischen System Stärke und Dauer der Signale, die die Sprechmuskulatur aktivieren (out-put-Koordination). Im sensorischen System erfaßt diese Einheit alle einkommenden Informationen, die für eine koordinierte Sprechsequenz notwendig sind (input-Koordination). Dies sind ... im wesentlichen Reize, die dem eigenen Sprechen entstammen und die über Luft-, Knochen- und kinästhetische Kanäle in diese Integrations- und Koordinationseinheit zurückgemeldet werden. Diese vielfältigen Signale benötigen in den einzelnen Kanälen/Nervenbahnen deutlich unterschiedliche Durchlaufzeiten, so daß sie erst mit erheblicher Zeitdifferenz die zentralen Steuereinheiten erreichen. Es ist nun leicht einsichtig, daß es bereits auf den verschiedenen Rückmeldewegen sowie bei der Integration der vielfältigen Rückmeldesignale zu den unterschiedlichsten Störungen kommen kann, die dann eine günstige Koordination des Sprechens erheblich beeinträchtigen.

Wir gehen in unseren Modellannahmen davon aus, daß es zu Stottersymptomen dadurch kommen kann, daß die in der Integrations- und Koordinationseinheit durchlaufenden unterschiedlichen Sprachrückmeldungen zeitlich soweit untereinander interferieren, daß sie neurophysiologisch nicht mehr integriert werden können. Es kommt zu Koordinationsstörungen beim Sprechen, da eine Kontrolle des Sprechaktes nicht oder eben nur fehlerhaft möglich ist. Solche Sprechstörungen lassen sich auch bei normalsprechenden Personen leicht herstellen, wenn ihnen zum Beispiel die eigenen Sprachäußerungen mit einer kurzen zeitlichen Verzögerung über Kopfhörer wiedergegeben werden..." (FIEDLER/STANDOP 1978, S. 60). Während des Sprechenlernens kontrolliert das Kind seine sprachlichen Äußerungen vorwiegend akustisch. Später dann übernehmen andere Kontrollkanäle, wie der propriozeptiv-kinästhetische und der taktile – weitgehend automatisierte und vor-bewußte – die „Oberaufsicht" über die Richtigkeit der sprachlich-sprechmotorischen Akte.

Können diese interferierenden Rückmeldereize nicht ausreichend zentral verarbeitet werden, kommt es nach diesem Modell zu einer Wiederholung von Lauten, Silben, Wörtern – also zu der bekannten Stottersymptomatik. Es scheint so, als sei die kortikal gesteuerte Innervation der Nerven, die für die Sprechmuskulatur zuständig ist, nicht mehr oder nicht mehr in einem ausreichendem Maße synchronisierbar. Das Kind, der Jugendliche oder später auch der Erwachsene stottert, weil es durch eine Desynchronisation – J. AYRES würde sagen, durch eine sensorische Dysfunktion – der impulsgeleitenen zentralen Programmierung von Muskelgruppen zu Impulsüberlagerungen und bzw. oder zu Impulsunterbrechungen kommt. Es wäre auch hier empirisch zu überprüfen, inwieweit durch basal-globale SI die von FIEDLER/STANDOP beschriebene mögliche neurophysiologische Integrationsstörung, die dann zur Stottersymptomatik führt, durch SI-Therapie verbessert oder beseitigt werden könnte.

Primär ginge es unseres Erachtens wohl um eine Behebung der Interferenzstörung zwischen dem propriozeptiv-kinästhetischen System, dem auditiven System und dem Rückkopplungsmechanismus dieser beiden mit dem Innervationssystem des Broca-Zentrums.

Wenn wir uns vor Augen halten, wie stark die Formatio reticularis und der Thalamus als inhibierende bzw. fazilierende Zentren wirken und realisieren, daß im Thalamus die sogenannten „Clocks" als Zeitgeberzellen fungieren, wird manchmal der positive Einsatz der SI in der Stottertherapie noch verständlicher.

Darüber hinaus ist die von I. FLEHMIG u.a. vertretene Theorie interessant, daß zumindest beim klonischen Stottern ein unausgereifter Corpus callosum (Balken) (mit-)determinierend sein könnte; dann kämen speziell interhemisphärische Übungen zum Tragen. Daneben spricht einiges dafür, daß der Stotterer „auditiv" dyslateralisiert ist (TOMATIS 1987).

Nach TOMATIS ist es wichtig, „rechtsohrig“ zu sein. „Auditiv Dyslateralisierte“ kontrollieren ihre Sprachproduktion wechselseitig, mal links, mal rechts. „“Rechtsohrig“ zu sein heißt für die Kommunikation den neulogisch kürzeren Weg benutzen. Dies trifft für alle Menschen zu, da die Asymmetrie des Nervensystems – der Asymmetrie der inneren Organe entsprechend – bei allen gleich ist.

Wenn man links hört, dauert der Weg bis zur bewußten Wahrnehmung so lange, als wäre man von der Schallquelle bis zu 120 Meter weiter entfernt... Wenn man links spricht, benutzt man ebenfalls einen längeren Regelkreis. Der Kehlkopf wird nämlich motorisch von zwei Ästen des Nervus vagus innerviert, den Rekurrensnerven (gehört also zum vegetativen Nervensystem, daher auch die enge psychophysische Korrelation beim Stottern – Anm. d. Autorin) von denen der linke ... länger ist als der rechte, dessen Weg direkt unter der Arterie des Schlüsselbeins durchführt. Die Verzögerung ist ungefähr von der Dauer einer Silbe... Die Lateralisierung findet in den ersten Lebensjahren statt. Die „Wahl“ des kürzeren oder des längeren Weges kann mehr oder weniger zufällig geschehen oder auch tiefe psychologische Gründe haben. Manchmal kann es wünschenswert erscheinen, in eine nicht zu direkte Kommunikation mit der Umwelt zu treten, sich etwas vor ihr zu schützen“ (TOMATIS 1987, S. 25). Für TOMATIS ist der Stotterer ein „auditiv Dyslateralisierter“, der daher seine Stimme nicht ausreichend kontrollieren kann. Anders ausgedrückt: Aus psychophysischen Gründen ist der Regelkreis von Sprachproduktion und Sprachkontrolle „sensorisch dysintegriert“.

Die Hypothese zur linksohrigen Dominanz geht davon aus, daß der Fötus im Mutterleib ab der 28. Schwangerschaftswoche hört, allerdings mit einem steilen Abfall der hohen Frequenzen. Er hört also ein sehr dumpfes Klangbild, bei dem er zwar Satzmelodie und Vokale, nicht aber Konsonanten erkennen kann. Bei der Geburt (und früher) sind die von der Cochlea ausgehenden Nervenbahnen vollständig myelinisiert, also bahnungsfähig. Schon wenige Tage nach der Geburt sind die äußeren Gehörgänge völlig frei. Schlagartig brandet die breitbandige Schallinformation bis zu 20.000 Hz auf das Kind ein. In diesem Moment könnte sich entscheiden, welches sein führendes Ohr wird, bei der rechtsohrigen Dominanz kann das Gehirn die unverzögert und unverzerrt im Hörsprechzentrum ankommenden Informationen fehlerfrei codieren. Anders bei der Wahl der Dominanz des linken Ohres: Die hier eintreffende Sprache wird in die rechte Hemisphäre geleitet, die mit der Verarbeitung schneller sequentieller Informationen große Schwierigkeiten hat. So geht die Information über das Corpus callosum an ihren tatsächlichen Bestimmungsort in der linken Hemisphäre, in welch gestörtem Zustand sie hier ankommt, können wir nur ahnen.

SI und „Legasthenie“

„Legasthenie“: übliche Definition: Unter Legasthenie versteht man eine spezielle, aus dem Rahmen der übrigen Leistungen fallende Schwäche (im Erlernen) des Lesens (und indirekt) und Schreibens bei ansonsten mindestens durchschnittlicher Intelligenz. Wenn wir lesen und schreiben, sprechen wir innerlich.

Symptome der Legasthenie:

- Synthetische Störung

  (Schwierigkeiten im Zusammenlesen und -schreiben der Buchstaben zum Wort).

- Analytische Störung

  (Schwierigkeiten im Zerlegen des Wortes bzw. Wortklanges in einzelne Buchstaben und die richtige Reihenfolge)

- Verwechslungen

  (Verwechslungen von sich spiegelbildlich unterscheidenen Buchstaben (u-n), Horizontal- (d-b) und Vertikalverwechslungen (b-q).

- Umstellungen (z.B. Brot/Bort)

- Auslassungsfehlern

Grundphänomene:

- Raum-Lage-Labilität

- Lautdifferenzierungsschwäche

  (zusammengefaßt: optische und akustische Gestaltgliederungsschwäche/visuelle und akustische Wahrnehmungsstörungen)

- Gedächtnisschwäche (partiell)

Entscheidend scheinen die Störungen des Raum- und Hörempfindens zu sein.

Wie entsteht Raumempfindung?

Phylogenetisch hat sich zwischen der sensorischen Rindenregion, der sogenannten „Körpergefühlsphäre“ und dem am Hinterkopf liegenden Sehzentrum ein Areal ausgebildet, welches für die Raumorientierung zuständig ist. Unter der Körpergefühlsphäre im Schläfenlappen sehen wir das Hörzentrum, dessen Funktion die Voraussetzung für das Erleben von Geräuschen, Klängen und Sprache ist. Bei der Auseinanderentwicklung der Sehsphäre und der „Körperfühlssphäre“ hat sich dazwischen ein Rindenareal herausgebildet, welches für unser Raumempfinden zuständig erscheint. Weist dieses Zentrum eine Läsion auf, leiden die betroffenen Menschen an Ausfällen, die zunächst nichts miteinander zu tun zu haben scheinen.

„Sie haben Schwierigkeiten mit der Unterscheidung von rechts und links, sie verwechseln die Finger ihrer eigenen Hände untereinander, wenn sie sie benennen oder auf Aufforderung zeigen sollen – den Zeige- mit dem Ringfinger etwa –, und sie können nicht mehr oder nur noch mangelhaft kopfrechnen. Der zweite Blick lehrt, daß diese Störungen oder besser: die Leistungen, die sich hier als gestört erweisen, natürlich doch etwas miteinander zu tun haben. Auf irgendeine Weise hängen sie alle mit dem Erlebnis „Raum" zusammen; mit dem, was wir unsere „Raumvorstellung" nennen. Daß diese entwicklungsgeschichtlich aus dem Gefühl für den eigenen Körper hervorgegangen ist, aus dem bewußten Erleben der Stellung der verschiedenen Gliedmaßen zueinander und ihrer Veränderungen im Ablauf unserer Bewegungen, leuchtet unmittelbar ein. Von hier aus ist die „Vaterschaft" der Körpergefühlsphäre angesichts der neuen Funktion „Raumerlebnis" verständlich. Aber zum Erleben dieses Raumes als dem Medium meiner eigenen Beweglichkeit gehört mit gleicher Legitimität noch etwas anderes: die Wahrnehmung meiner örtlichen Position relativ zu den Objekten der Außenwelt und deren Veränderung als Folge meiner Bewegungen. Dieser Zusammenhang macht die Fähigkeit zur optischen Wahrnehmung, macht die Sehrinde zum anderen legitimen Elternteil der neuen Funktion.

Der Raum, der damit im Bewußtsein auftaucht, ist schließlich, wenn auch wahrscheinlich nicht von Anfang an, in drei Richtungen („Dimensionen") orientiert. Von diesen sind zwei ohne zusätzliche Leistung, einfach aufgrund der in diesem entwicklungsgeschichtlichen Augenblick ohnehin vorhandenen körperlichen Ausstattung eindeutig festgelegt. Die Senkrechte ist durch die Einwirkung der Schwerkraft bestimmt und ebenso die Richtungen „oben" bzw. „unten" „vorn" und „hinten" ergeben sich mit gleicher Eindeutigkeit aus der Richtung meiner eigenen Bewegung" (v. DITFURTH 1984, S. 242/243).

Bei legasthenischen Kindern scheint diese „ohnehin vorhandene körperliche Ausstattung" (v. DITFURTH 1984) nicht ausgereift genug zu sein. Es scheint auch oftmals eine Schwerkraftverunsicherung vorzuliegen. Wenn Kinder – aufgrund eines nicht voll ausgebildeten Körperimagos nicht „richtig" oben/unten bzw. vorn/hinten „fühlen" können, dann ist es für sie eine noch schwierigere Aufgabe, zwischen rechts und links zu differenzieren, da rechts/links eine „Zutat des den Raum erlebenden Subjekts" ist.

Das legasthenische Kind scheint als primäre Störung eine optische und akustische (man/frau beachte die topographische Nähe der diesbezüglichen Hirnzentren) Gestalt- bzw. Wahrnehmungsschwäche zu haben. Diese Basisstörungen können durch vestibuläre Übungen gut behandelt werden, da, wie wir gesehen haben, die „Schwerkraftdimensionen" der Raum-Lage-Orientierung Grundlage für aufbauende subjektive Raum-Ort-Prozesse sind und die Grundlage des Hörens (2. qualitative Stufe) ebenfalls das Gleichgewicht (1. quantitative Stufe) ist: „Bei der Aufnahme der Schallpakete lassen sich mehrere Faktoren unterscheiden, von denen zwei besonders wichtig sind.

1. Eine Wahrnehmung erster Ordnung, die „paketweise" vonstatten geht, eine Art Quantifizierung nach rhythmischen Kriterien, die das Gleichgewichtsorgan unter Beteiligung des ganzen Körpers vornimmt.
2. Eine Wahrnehmung zweiter Ordnung, die die empfangene Information nach qualitativen Kriterien analysiert. Dieser die Wahrnehmung erster Ordnung ergänzende Prozeß obliegt in erster Linie der Cochlea" (TOMATIS 197, S. 65).

J. AYRES ist der Meinung, daß – obwohl viele Sprachvorgänge oberhalb des Bereiches der sensorischen Integration liegen – sämtliche Störungen in der Auditiv-Sprach-Funktion ihre Wurzeln in der Auditiv-Sprach-Entwicklung (das beinhaltet auch die Sensorische Integration an der Stammhirn- und Thalamus-Ebene) haben. Manches Kind mit diesem Syndrom erscheint so, als ob es nicht hört oder nicht versteht, wenn man mit ihm spricht. In vielen Fällen sind Probleme im Auditiv-Sprach-Bereich ein Teil einer weitgehenderen neuralen Dysfunktion (Störung). Die meisten Kinder, die Lernschwierigkeiten (Lernstörungen) haben und in den Tests der auditiven Perzeption und anderen Sprachfunktionen schlecht abgeschnitten haben, zeigen auch Mängel in der sensorischen Integration, besonders in „Praxis", visueller Perzeption und Haltung und bilateraler Integration.

Weil auditive Stimuli mit vielen anderen sensorischen Stimuli an den verschiedenen Ebenen des Gehirns-Stammhirn, Thalamus, Kortex- zusammenkommen, wird postuliert, daß die Verbindungen zwischen auditiven und anderen sensorischen Stimuli sehr wichtig für die gesamte (auditive) Sprachentwicklung sind.

Es wird auch vermutet, daß die Verbindung zwischen Sprachzentrum in der linken Hemisphäre und den anderen Teilen des Gehirns incl. der rechten Hemisphäre – wo die Tonqualität-Tonpattern-Unterscheidungen der auditiven Perzeption stattfinden – notwendig für die Sprache ist (vgl. ALBRECHT 1980).

Behandlung der auditiven Sprach-Störungen

Die Behandlung des Syndroms „auditive Sprach-Störung" konzentriert sich nicht auf das „Bombardement" des Kindes mit auditiven Reizen, sondern auf die Förderung der normalen sensorischen Integration, besonders am Hirnstamm, so daß eine Basis für die Integration auditiver Stimuli mit anderen sensorischen Stimuli möglich wird. Alle therapeutischen Tätigkeiten, die die Sensorische Integration fördern, sind hier geeignet.

Jede vestibuläre Information nimmt nach TOMATIS (1987) eine sprachliche Form an. Die Rolle des Vestibularorgans ist wichtiger als früher erahnt wurde. Seine Aufgabe ist nicht nur die Steuerung des Gleichgewichts und damit der Körperhaltung; es reagiert auch auf Schallwellen, auf „Schall-Quanten", die es zur gleichen Zeit wie die Schnecke erhält und beide „Systeme" reagieren darauf, da sie eine „Einheit" bilden.

Auf akustischer Ebene beschränkt sich die Funktion des Gleichgewichtsorgans in erster Linie auf die Erfassung von Rhythmen; dadurch entsteht eine Vorstellung vom Körper (das Körperimago) und zwar durch die räumlich-somatische Erfassung dieser Rhythmen. Bei der Rezeption der akustischen Schallpakete lassen sich also, wie bereits ausgeführt, zwei Faktoren unterscheiden:

1. Wahrnehmung erster Ordnung: Quantifizierung (Quanten) nach rhythmischen Kriterien vorwiegend vom Gleichgewichtsorgan.
2. Wahrnehmung zweiter Ordnung: qualitativer Art, vorwiegend durch die Cochlea (Schnecke).

Alle diese Strukturen entwickeln sich offenbar, damit Sprache entstehen kann (vgl. TOMATIS).

Musik-Fühlen

Da das Innenohr ursprünglich zuständig war für „Fühlen" – phylogenetisch besonders Vibrations- Fühlen – und heute für Hören und Gleichgewicht, bietet sich eine Hör-Fühl-Therapie als Basiseinheit für Hör-Sprachstörungen an.

Musik-fühlen heißt Musik fühlbar machen.

- obertonreiche Musik spielen und wahrnehmen.
- Vibrationen (Vibrationsgeräte)
- hohe Frequenzen zur Energieaufladung, feinmotorische Fähigkeiten, Stimulation des oberen Körperbereichs

- tiefe Frequenzen (Bässe) fühlen (im Bauch und im Herzen deutlich wahrnehmbar)
- taktile und vestibuläre Stimulation.

Vibrationen

Wir hören auch taktil über Muskeln, Knochen, Gelenke und Sehnen (Kinästhetik). Der Vibrator ermöglicht es, einen direkten Einfluß auf das Körpergefühl – und damit auf das Labyrinth – zu nehmen und dadurch besonders die Knochenleitung zu sensibilisieren. Für die Kontrolle der eigenen Stimme ist dies sehr wichtig: Der stotternde Mensch nutzt seine Knochenleitung z.B. nicht, während ein guter Sänger sich ausschließlich über sie kontrolliert (ref. TOMATIS 1987).

Hören und Legasthenie

„Man liest mit den Ohren" sagt TOMATIS (1987). Die sehr subtile Koordination Ohr-Auge geschieht dabei durch das Ohr, da jeder Muskel in Verbindung mit dem Hör-Gleichgewichtsnerven steht. Auch die sogenannten visuellen Buchstabenverwechslungen der Legastheniker sind nach TOMATIS auf eine ungenügende akustische Diskriminierung zurückzuführen. Die Sprachfunktion erobert das Nervensystem über das Ohr. Das Ohr hat zwei Ebenen:

1. Die erste, vestibuläre, ist die ontogenetisch frühere (vor allem Embryonalstadium)
2. Die Cochlea (Schnecke) entwickelt sich vor allem im Fetalstadium.

Das Ohr als Gleichgewichtsorgan

Das Vestibulärsystem im Innenohr hat die Muskeln des Körpers unter seinem „Befehl". Jeder Muskel steht über dem Rückenmark mit dem Nerven des Gleichgewichtsorgans (der sich mit dem Nerv des Hör-Organs zum Vestibulo-Cochlearis vereinigt) in Korrespondenz. Spannungen/Entspannungen des Körpers (Hyper- und Hypotonus der Muskulatur) und damit die Haltung der Grob- und Feinmotorik werden über das Ohr als Kontrollstelle mitreguliert.

Der kybernetische Regelkreis sieht etwa so aus: Gehirn, Sinnesreiz (speziell sensorische und motorische Zentralregion, Kleinhirn) – Muskel (Ausführung) – Ohr (Cochlea und Labyrinth) – Kontrolle.

Es ist wenig sinnvoll, das Gleichgewichtsorgan und das Hörorgan unabhängig voneinander zu betrachten. Zusammen bilden sie eine Einheit im – mit Endolymphe – gefüllten Membransack; darum wirkt ein rein akustischer Reiz auch auf die Kinästhetik (das propriozeptive System).

Die tiefen Frequenzen regen wie gesagt vor allem die untere Körperhälfte an, die mittleren und hohen Frequenzen mehr die Feinmotorik, etwa das Sprechen und Schreiben. Sinnes- und Nervenphysiologie verweisen auf die enge Korrelation zwischen Anatomie und Physiologie des Nervensystems und die elementaren Strukturen des Wahrnehmens und Erkennens (Perzeption/Apperzeption). Unsere Raum-Wahrnehmung ist mindestens teilweise durch die (Tiefen)Kriterien der optischen Wahrnehmung und durch das dreidimensionale Labyrinth im Innenohr determiniert; die Erlebnisform der Zeit durch die sogenannten „inneren" Uhren" (z.B. Thalamus, Zirbeldrüse, Hirnwellen).

Die vegetative Homöostase

Am Trommelfell und im äußeren Gehörgang kommen sensible Fasern des Nervus vagus (parasympathischer Nerv) an die Hautoberfläche. Der Sympathikus und der Para-Sympathikus sind wesentlich für die Homöostase – für das „Gleichgewicht" – des vegetativen Nervensystems verantwortlich.

Schall hat also Einfluß auf das psychisch-vegetative Wohlbefinden. Analog ist es mit der Beziehung zwischen der „Körperfühlsphäre" und der Sehrinde. Der „Lichtsinn" war früher, wie der Tastsinn, ein diffuser Hautsinn. Sehr reduktionistisch ausgedrückt haben sich alle Sinne aus Haut (Keimblätter) entwickelt. Aus dem Ektoderm – der äußeren Hautschicht des menschlichen Keimes – entwickeln sich die Oberhaut (Epidermis), das Nervensystem, Sinnesorgane sowie Teile des Darms.

Aus dem inneren Keimblatt – Entoderm – entwickelt sich später ein großer Teil des Verdauungsapparates.

Das Ohr als Energiezelle

Das Ohr ist das auditive Kommunikationsorgan. Doch darüber hinaus ist es für eine viel ursprünglichere Art der Kommunikation verantwortlich: Es versorgt unsere Hirnrinde mit Energie, ähnlich wie ein Dynamo die Batterie eines Autos auflädt? (vgl. TOMATIS 1987). Das Hirn braucht Zucker und Sauerstoff, auf der physiologischen Ebene aber vor allem energetische Stimuli (Sinnesreize). Ca. 90% der Energiezufuhr an den Cortex gehen nach TOMATIS vom Ohr als Energielieferanten aus.

In der Schnecke befinden sich im Bereich der Wahrnehmung hoher Frequenzen viel mehr Sinneszellen als im Bereich der tiefen. Hohe Frequenzen setzen sich somit in eine unverhältnismäßig größere Zahl von Impulsen um, die eine wahre Aufladung, eine Belebung der kortikalen Tätigkeit bewirken, d.h. Bewußtseinsprozesse wie Denken, Engrammierung (Gedächtnis), Vitalität, Emotionen, Kreativität.

Hierdurch erklärt sich auch die Apathie/Depressivität der Gehörlosen mit zunehmender Schwerhörigkeit. Die energetische Aufladung läßt nach. Aber direkt neben der Cochlea (Schnecke) sitzt der Vestibularisapparat, das Gleichgewichtsorgan. Labyrinth und Schnecke vereinen sich zu einem Nerven (vestibulo cochlearis) und bilden sozusagen eine Funktionseinheit. Die Cochlea ist nach Schätzung von TOMATIS (1987) mit ca. 30% und das Labyrinth mit ca. 60% an der energetischen Hirnaufladung (= 90% aller Prozesse) beteiligt.

3.6 Die visuelle Wahrnehmung und ihre Störungen

Sehen – wie die visuelle Wahrnehmung (oder der Gesichtssinn) auch genannt wird – scheint in unserer Zeit der primäre Sinnes-Kanal zu sein. Wir sehen Farben, Verhalten, Gestalten, Formen, Bewegungen etc.

Unsere peripheren Sehorgane sind die Augen; über den Sehnerven und die Sehbahn mit ihren Verschaltungen erreichen die auf das Auge fallenden Informationen das Sehzentrum in dem Hinterhauptlappen unserer Großhirnrinde. Hier erst findet der eigentliche Seh-Erkenntnis-Prozeß statt. Das Seh-Zentrum im Cortex selektiert, verarbeitet, analysiert, bewertet, vergleicht die einlaufenden Informationen. Wir „sehen" elektromagnetische Wellen (Lichtstrahlen), die von Gegenständen reflektiert werden. Die Skala der elektromagnetischen Wellen reicht von einer Länge von über 1 Kilometer (Rundfunkwellen) bis zu Wellen, deren Längen nur noch billionstel Millimeter beträgt (Höhenstrahlung).

Der Ausschnitt der Frequenzen des elektromagnetischen Wellenbandes, den unsere Augen beim derzeitigen Stand der Evolution als sichtbares Licht wahrnehmen können, ist vergleichsweise gering. Wenn wir das Spektrum unserer Seh-Möglichkeit betrachten, müssen wir feststellen, daß wir so gut wie blind sind. Unsere Wahrnehmungen sind der Zahl (7 Sinnesmodalitäten) und der Möglichkeit der einzelnen Sinneskänale nach sehr begrenzt. Und dazu kommt, daß unsere Augen – wie alle anderen Außen-Antennen, die Welt/die Wirklichkeit/die Realität keineswegs an das Gehirn so weiterleiten, „wie sie wirklich ist/sind". (Siehe Abb. 31 und 32, S. 94)

In unseren Wahrnehmungs- und Verarbeitungsapparat sind die Empfangs- und Verarbeitungsmodalitäten – Perzeption und Apperzeption – weitgehend bestimmend für das, was wir wahrnehmen.

Sehen wir, was wir glauben?
Oder
glauben wir, was wir sehen?

	Sensorischer Eingang			Zentralnervensystem	Bewußter Ausgang
	Rezeptoren	Nervenfasern	Kanalkapazität		
Augen	$2 \cdot 10^8$	$2 \cdot 10^6$	$5 \cdot 10^7$ bit/s		
Ohren	$3 \cdot 10^4$	$2 \cdot 10^4$	$4 \cdot 10^4$ bit/s		
Druck	$5 \cdot 10^5$	10^4			
Schmerz	$3 \cdot 10^6$			10^{10} Neuronen	50 bit/s
Wärme	10^4	10^6			
Kälte	10^5				
Geruch	10^7	$2 \cdot 10^3$			
Geschmack	10^7	$2 \cdot 10^3$			

Abb. 31: Höchstens 1 Prozent der von unseren Sinnen aufgenommenen Informationen wird ins Gehirn weitergeleitet. Die Aufstellung gibt die entsprechenden Schätzungen der Informationstheoretiker wieder. Für die rund 200 Millionen „bit" (elementarste Informationseinheit), die unsere Augen in jeder Sekunde aufnehmen, stehen in den Sehnerven z. B. nur 2 Millionen Leitungsfasern zur Verfügung. Noch hundert- bis tausendfach geringer ist die Aufnahmekapazität bei den anderen Sinnesformen. Vom Ergebnis der Verarbeitung aller Informationen durch die 10 Milliarden Nervenzellen unseres Großhirns „passen" schließlich nur noch 10 bit pro Sekunde in unser Bewußtsein. (aus: Hoimar v. Ditfurth, Der Geist fiel nicht vom Himmel, Die Evolution unseres Bewußtseins, Hoffmann und Campe Verlag, Hamburg 1976)

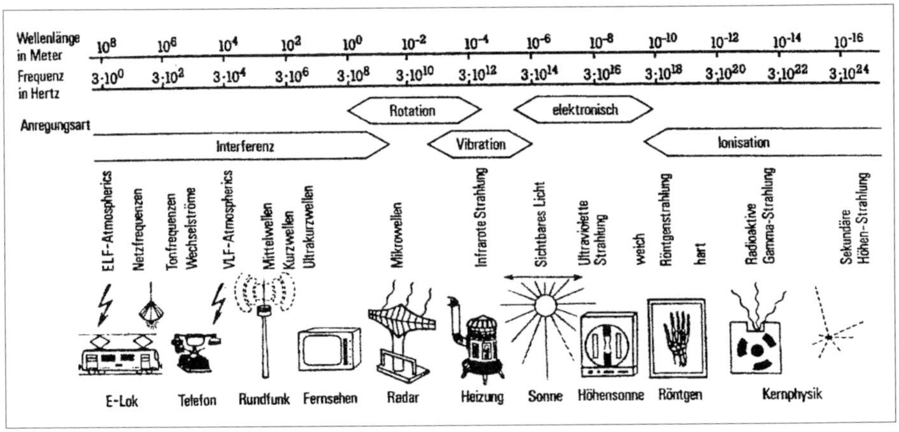

Abb. 32

Es ist nicht möglich zu sagen, wie groß der Anteil der „objektiven Welt" bei unserer Wahrnehmung ist. Die von uns erlebte Welt ist voll und ganz abhängig von der Beschaffenheit unserer Außen- Antenne, sprich Sinnes-Rezeptoren, und der Struktur- und Funktionsweise unseres Gehirns.

Die Aufgabe des Auges ist es, über den Sehnerven (Nervus opticus) Informationen an das Sehzentrum im Gehirn zu liefern. Die Zellen, die diese Fasern entsenden, liegen in der Retina (Netzhaut) des Auges; von dort ziehen ihre Axone zum Gehirn. Beim Menschen wird ein vollständiges, umgekehrtes Bild von der Umgebung auf die Netzhaut des Auges projiziert. Zwei Augen sehen mehr als eines; genauer die Entfernung, die Tiefe des Raumes und der Winkel ist größer, als bei einem. Menschen sehen binokular; die linke Hälfte jeder Netzhaut projiziert auf den linken visuellen Cortex – die rechte Hälfte auf den rechten visuellen Cortex. Dadurch erhält die rechte Sehrinde die gesamte Information von der linken Gesichtsfeldhälfte und umgekehrt.

Die Sehrinde – das primäre visuelle Feld der Großhirnrinde – liegt im Hinterhauptlappen; die Sehrinde besteht aus mehreren getrennten Feldern. Wir erkennen eine drei-dimensionale Welt, weil wir sie so mit unseren beiden Augen und unserem Gehirn sehen – wie viele Dimensionen die Welt „wirklich" hat, können wir daraus nicht erkennen.

Störungen im Bereich des visuellen Systems

Lichtwellen erregen das Auge. Die Netzhaut leitet optische Sinneseindrükke zum Hirnstamm. Hier erfolgt die gleiche Verarbeitung wie bei dem auditiven System. Bewußtwerden eines optischen Reizes findet jedoch im Sehzentrum der Großhirnrinde statt. Die anderen Impulse, die bei der Verarbeitung von optischen Sinneseindrücken von Bedeutung sind, sind motorische Impulse, diese ermöglichen es, den Kopf in eine andere Richtung zu drehen, damit die Augen auf etwas blicken können.

„... Zusammenfügung von Informationen formen unsere Grundkenntnis über unsere Umgebung und die Lokalisierung der Gegenstände in ihr.

...Exaktes Funktionieren aller Hirnebenen und Zusammenfügung der verschiedensten Arten von Gefühlsregungen einschließlich optischer Einflüsse sind notwendig, um das Wesentliche innerhalb einer Umgebung zu erkennen, ..." (AYRES 1984, S. 46). Um z.B. Berührungen exakt lokalisieren zu können, müssen die Augen mit einbezogen werden. Die Augen stehen in Verbindung mit den Basissystemen, die einen Teile aller Empfindungen verarbeiten. Sollen jedoch z.B. Arbeiten ausgeführt werden, die differenziert werden müssen (z.B. ausschneiden) oder neu sind, muß das visuelle System hinzugezogen werden, um entsprechende motorische Handlungen zu leiten.

Störungen der visuellen Wahrnehmung werden selten unabhängig von anderen sensorischen Problemen gefunden (BRAND 1988, S. 98). Dies erscheint verständlich, wenn man bedenkt, daß er erst die Verknüpfung vestibulärer und somato-sensorischer Reize mit visuellen Reizen die visuelle Wahrnehmung ermöglicht. Wenn sich das Kind in der Umwelt bewegt, verleihen die somato-sensorischen Informationen dem visuellen Eindruck durch die Integration der verschiedenen, gleichzeitig empfangenen Stimuli erst ihre Bedeutung (vgl. AYRES). Oben und unten, rechts und links, nah und fern sind räumliche Dimensionen, die sich ohne vestibuläre und propriozeptive Informationen nicht entwickeln würden. Taktile Erfahrungen in Verbindung mit propriozeptiven Reizen aus der Augenmuskulatur ergänzen den visuellen Eindruck und ermöglichen gemeinsam den Aufbau der Formwahrnehmung.

Die Verknüpfung vestibulärer und somato-sensorischer Informationen mit visuellen Reizen erfolgt nach AYRES (1984) auf Hirnstammniveau und ermöglicht uns die Bewegung unseres Körpers im Raum, ohne Gegenstände anzurempeln oder eine gerade Linie auf dem Papier zu ziehen. Die Informationen ziehen dann weiter in die Großhirnrinde, wo sie einer spezielleren Verarbeitung unterzogen werden. Störungen der visuellen Wahrnehmung liegen nach AYRES (1984) überwiegend in der mangelnden Fähigkeit des Hirnstamms, die vestibulären somato-sensorischen und visuellen Reiz zu integrieren (vgl. AYRES 1984, S. 168). Visuelle Störungen werden daher oftmals bei Kindern mit einem schlecht ausgebildeten Körperschema gefunden.

Symptome der visuellen Wahrnehmungsstörung:

1. „Als Kleinkind spielt es nicht gut mit Bausteinen.
2. Puzzlesteine können vom Kind nicht so gut zusammengesetzt werden wie von Gleichaltrigen.
3. Es zögert beim Treppensteigen.
4. Das Kind verläuft sich leicht und ist nicht gern an fremden Plätzen.
5. Es malt und schreibt nicht gut und auch erst verhältnismäßig spät.
6. Ähnlichkeiten und Unterschiede von Mustern und Zeichnungen werden schlecht erkannt.
7. Eine bestimmte Figur kann von einem unruhigen Hintergrund nur schlecht abgegrenzt werden.

8. Buchstaben wie „b“ und „d“ werden oft verwechselt und können nicht gut in vorgezeichnete Linien oder in die richtigen Wörter gebracht werden.“ (vgl. AYRES 1984, S. 169-170)

AYRES (1979) geht davon aus, daß eine Förderung der sensorischen Integration auf Hirnstammebene eine Verbesserung der Sehreizverarbeitung auf kortikaler Ebene ermöglicht. Bei vielen Kindern werden neben der Sehstörung auch Verarbeitungsstörungen des taktilen, vestibulären und propriozeptiven Systems beobachtet; sie müssen in der Gestaltung des Therapieprogramms Beachtung finden. Generell wird bei Störungen der Form- und Raumwahrnehmung eine Förderung der „Reaktion auf Bewegung und Schwerkraft, Nacken- und Körperstell- Reflexe, auf Fortbewegung (speziell auf allen Vieren), auf die Kopf- und Augenkontrolle und auf die visuelle Wahrnehmung der Umgebung“ (AYRES 1979, S. 154) angestrebt. Besonders wichtig sind Angebote, die eine starke Kontraktion der Nackenmuskulatur hervorrufen, „weil die Nackenmuskulatur viel mit der Extra-Okularen-Muskelbewegung zu tun hat“ (ALBRECHT 1980, S. 25). Geeignet sind hier insbesondere Rollbrettspiele; das auf dem Bauch oder Rücken liegende Kind erhält durch seine Fortbewegung vestibuläre und propriozeptive Reize und muß seine Fahrtrichtung durch visuelle Raumwahrnehmung kontrollieren.

Zur Aktivation des Kopfstell-Reflexe stellt das Rollen des Kindes in einer aus 5 Autoschläuchen zusammengebundenen Rolle ein effektives Mittel dar. „Auf das Seitwärtsdrehen des Kopfes aus der Rückenlage folgt eine reflektorische Drehung der Wirbelsäule in Richtung der Kopfdrehung. Der Körper folgt als Ganzes dem Kopf“ (ALBRECHT 1980, S. 26).

Durch Angebote, die Gleichgewichtsreaktionen in der Vierfüßlerstellung erfordern, z.B. auf dem Therapieball oder dem Schaukelbrett erhält das Kind propriozeptive und vestibuläre Reize und seine Bewegungen fördern den Raumwahrnehmungsprozeß (vgl. AYRES 1979, S. 155). Werden die genannten Tätigkeiten vom Kind beherrscht, können Augenverfolgunsspiele eingesetzt werden. Dabei wirft das Kind z.B. einen Ball ins Tor, kegelt oder spielt mit dem/der TherapeutIn auf dem Rollbrett Ball (in Bauch- oder Rückenlage), wobei der geworfene Ball mit den Augen verfolgt wird. Das Gehirn erhält dabei Informationen über die eigene Haltung und Bewegung und verbindet diese mit den Informationen der Augen, die die Bewegung des Balls verfolgen. Erst gegen Ende der Therapie werden Aufgaben an das Kind gestellt, die sich allein auf visuelle Reize beschränken, wie Puzzle oder Spiele, die das schnelle Erfassen optisch dargebotener Formen und Anordnungen erfordern sowie das Nachbauen und Legen von bestimmten Figuren (vgl. BRAND et. al. 1988, S. 167).

Die Hyperaktion des visuellen Systems

Die Netzhaut nimmt die Reize aus der Umwelt auf. Werden die Reize nicht richtig integriert, kann es zu Störungen in der visuellen Wahrnehmung kommen. Werden diese Reize nicht genügend gehemmt, kann es zu einem verwirrenden Überangebot von optischen Reizen, die nicht differenziert genug verarbeitet werden können. Das Zusammenfügen von Informationen formt unsere Grundkenntnis über die Umgebung, exaktes Funktionieren aller Hirnebenen und das Zusammenfügen der verschiedensten Arten von Gefühlserregungen einschließlich optischer Einflüsse ermöglicht ein Erfassen unserer Umwelt. Ist dieses Zusammenspiel nicht möglich, können die optischen Eindrücke nicht richtig in Beziehung zur Umwelt gesetzt werden, d.h. ein klares differenziertes Bild der Umwelt kann nicht entstehen. Vielleicht ist so zu erklären, warum z.B. autistische Kinder andere Personen anscheinend nicht erkennen oder der Mutter nicht entgegen laufen, bzw. keinen Blickkontakt zu anderen aufnehmen.

Die Hypoaktion des visuellen Systems

„Das autistische Kind scheint auch optische Umwelteinwirkungen zu ignorieren. Oft beachtet es seine Spielsachen überhaupt nicht, aber manchmal entscheidet sein Gehirn, eine ganz eingehende und langandauernde Aufmerksamkeit einem winzigen Detail zu geben, z.B. einem Fleck am Fußboden“ (AYRES 1984, S. 46).

Es kommt auch vor, daß es seine Hand gespreizt hält und vor den Augen fächeln läßt. Der optokinetische Nystagmus veranlaßt die Reizung der vestibulären Kerne, durch diese Bewegung wird das Gehirn unterstützt, den optischen Reizeindruck besser aufzunehmen und ihn für das Kind bedeutungsvoll zu machen (vgl. AYRES 1984, S. 176). Das Gleiche gilt wahrscheinlich auch für das plötzlich auftretende Grimassenschneiden, wobei hier die Augen im ständigen Wechsel zugekniffen werden, um einen Reiz zu erzeugen.

Visuelle Perzeption

Visumotorische Koordination nach FROSTIG

VM ist die Fähigkeit zur Koordination von Auge und motorischer Reaktion in Wechselwirkung Auge-Hand und Hand-Auge-Koordination z.B.

Figur-Grund-Wahrnehmung

FG ist die Fähigkeit einzelne Formen auf zunehmend komplexen Hintergrund wahrzunehmen.

Form-Konstanz-Wahrnehmung

FK ist die Fähigkeit des Wiedererkennens von Formen und Figuren unterschiedlicher Art – Größe – Lage und Struktur.

Raum-Lage-Wahrnehmung

RL ist die Fähigkeit, die Lage einer Form im Raum zu erkennen, zu unterscheiden und zu identifizieren in Bezug zum Betrachter.

Wahrnehmung räumlicher Beziehungen

RB ist die komplexe Fähigkeit der Zuordnung verschiedener Formen und Gegenstände zueinander und zu sich selbst.

Raumvorstellung

RV ist die Fähigkeit RL und RB wahrzunehmen, zu speichern und aus dem Gedächtnis wiederzugeben.

Störungen des visuellen Systems

1. Störungen der Sehschärfe
2. Störungen der Akkomodation
3. Störungen des räumlichen Sehens
4. Störungen der Augenbewegungen
5. Störungen des Gesichtsfeldes

1. Störungen der Sehschärfe

Verdachtsmomente: Anamnese, Blinzeln, Kneifen, Rötung, Zittern, Augenunterschied

Augenarzt: subjektive Prüfung der Sehschärfe

2. Störungen der Akkomodation

Verdachtsmomente: Kopfschmerzen, Augenschmerzen, schnelles Ermüden in der Nähe, Tafelabschreiben schwer

Augenarzt: Bestimmung der Akkomodationsbreite

3. Störungen des räumlichen Sehens

Verdachtsmomente: Silberblick, Schielen, Zukneifen eines Auges, Unfähigkeit, auf der Zeile zu schreiben

Augenarzt: Prüfung der Fusionsbreite

4. Störungen der Augenbewegungen

Verdachtsmomente: Trauma bei der Geburt, Schielen, Kopfzwangshaltung, kompensatorische Kopfbewegung, Doppelbilder, Leseschwierigkeiten

Augenarzt: Sehschuluntersuchung, genaue Doppelbildlokalisation

5. *Störungen des Gesichtsfeldes*

Verdachtsmomente:	Stolpern, Anstoßen, zögernde Bewegung in fremden Räumen, schlechtes Orientierungsvermögen, Augen-Tics, kompensatorisch
Augenarzt:	Gesichtsfelduntersuchung am Halbkugelperimeter

3.7 Raumwahrnehmung und Zeitempfinden

In der traditionellen päd.-psych. Literatur wird die Raumwahrnehmung meistens separat von der Zeitwahrnehmung gesehen und ebenso in der SI-Theorie. (In der HSI-Theorie gehen wir von der Raum Zeit der modernen Physik aus.)

Für die Raumwahrnehmung gibt es keinen eigentlich-eigenständigen Sinn – vielmehr führt das Zusammenfließen von vielen Sinnes-Qualitäten und -quantitäten und -modalitäten zu einer Raum-Empfindung.

Anthropo-genetisch bzw. phylo-genetisch gesehen hat sich die Raum-Empfindung aus dem Gefühl für den eigenen Körper entwickelt.

Das zwischen sensorischem Cortex und Sehzentrum gelegene Rindenareal scheint primär für die Raumorientierung und das Rechenvermögen zuständig zu sein.

Oben und unten/vorn und hinten läßt sich aus dem Zusammenspiel dieser Hirngebiete erklären; bei der Unterscheidung von links und rechts ist der Vestibularapparat in seinen beiden Eigenschaften von großer Bedeutung. Die Wahrnehmung der räumlichen Position relativ zu den Objekten der Außenwelt und deren Veränderung als Folge der Motorik ist komplizierter: Links (rechts) ist mal da und mal dort, immer relativ zu dem „Beobachter“. Die Wahrnehmung der „Lateralität“ des Raumes ist in größerem Maße vom Individuum, welches den Raum erlebt, abhängig als oben/unten bzw. hinten/vorne, die von größerer Konstanz und Unabhängigkeit zu sein scheinen.

Die Fähigkeit zu einer angemessenen Empfindung des eigenen Körpers und deren „Transport“ in den Raum ist auch Grundlage für das Rechnen-Können. „Ist nicht auch die Zahlenreihe zusammengesetzt aus einander ähnlichen Elementen, die zueinander in einer ganz bestimmten räumlichen Ordnung stehen?“ fragt v. DITFURTH (1984, S. 245) und fährt fort: „Es ist ganz offensichtlich nicht nur die Bequemlichkeit des Nächstliegenden, wenn sich der Erstkläßler beim Rechnenlernen der eigenen Finger als Hilfmittel bedient, bevor der zum Umgang mit vorgestellten Zahlen übergehen kann.“

Damit rekapituliert das Kind die Evolutionsstufen, die zeigen, daß aus dem Raum des Körpers (intra-psycho-physisch) der Raum der Außenwelt sich entwickelte.

Für das Raum-Empfinden sind also primär wichtig:

- die propriozeptiv-kinästhetische Wahrnehmung
- das Gleichgewichts- und Gravitations-Empfinden
- die visuelle Wahrnehmung

aber auch das

- akustische Empfinden.

Die auditive Wahrnehmung liefert einen wichtigen Beitrag zur Raumorientierung; notwendig dafür sind zwei Ohren. Physikalischer Grund dafür ist, daß ein Ohr meist von einer Schallquelle weiter entfernt ist als das andere.

Der Schall trifft am entfernteren Ort später ein und nimmt an Intensität ab. Überdies gibt es an den Schaltstellen der Hörbahn und im Hörzentrum spezialisierte Zellen, die auf Reizzeitpunkt und -intensität reagieren, und sogar höchstspezialisierte Zellen, die nur dann aktiviert werden können, wenn der Schall aus einer bestimmten Richtung kommt. Frequenz, Raum, Zeit und Intensität – all das wird im Hörzentrum registriert und integriert. Die Akkomodation (Anpassung) des Auges an die Entfernung geschieht durch eine Änderung der Krümmung vor allem der vorderen Linsenfläche. Betrachten wir entfernte Gegenstände, ist die Linse relativ flach und gestreckt; beim Betrachten naher Gegenstände krümmt sich die Linse stärker und ihre Brechungskraft nimmt zu. Dreidimensional, also räumlich, sehen wir durch die Abbildung der Umwelt auf die Netzhaut beider Augen. Durch die Differenz der beiden Abbildungen lassen sich Entfernungen abschätzen. Die Differenz der Abbildungen nimmt mit der Entfernung der fixierten Objekte ab; so läßt sich der Abstand weit entfernter Gegenstände schlechter abschätzen als der von nahe liegenden Objekten. Das linke und das rechte Auge sehen einen Gegenstand von ihrem Blickwinkel aus und leicht unterschiedlich. Die Impulse der Rezeptoren der Netzhaut werden über den Sehnerv und die Sehbahn dem Sehzentrum vermittelt. In der Sehnervkreuzung laufen dann die Impulse in die andere Richtung; die Impulse der jeweils rechten/linken Schläfenseite kreuzen sich nicht. Durch die Kombination und Integration beider Bilder stellt das Sehzentrum ein räumlich-dreidimensionales Bild her.

Das Kind lernt im Laufe seiner Entwicklung die horizontale und die vertikale Dimension kennen und irgendwann auch als höhere sensorische Integrationsleistung die Tiefe des Raumes. Erwähnt seien an dieser Stelle die beiden primären Trends der motorischen Entwicklung:

– der kephalo-caudale Trend

(Der Entwicklungstrend von oben (Kopf) nach unten (Füße) kephalo = griech. Kopf, Spitze und kauda = lat. Schwanz, Endstück eines Organs oder Körperteils) und

– der proxi-modistale Trend

(Vom Zentrum zur Peripherie)
proximal = lat. dem zentralen Teil eines Körpergliedes, der Körpermitte zu gelegen.

Das Empfinden von Zeit ist ebenfalls (wie die Raum-Empfindung) ein „Produkt“ der sensorischen Integration:

- wir sehen die Bäume beim Eisenbahn- oder Autofahren vorbeirauschen
- wir hören das sich uns nähernde Auto; es wird lauter, je näher es kommt
- wir riechen, wie der Essensgeruch sich „mit der Zeit“ verflüchtigt
- wir spüren und fühlen, daß der Weg in die Stadt länger dauert, als zum Bäcker an der nächsten Ecke; unsere Füße fangen mit der Zeit an zu schmerzen
- wir erleben auch die Raum/Zeit im elementaren Sinne einer Relation zwischen Entfernung und Zeit: Der Weg zum Schuster in der XY-Straße des selben Stadtteils ist kürzer und dauert nicht so lang wie der Weg zur Oma ins 600 km entfernte Hintertupfing.

Nicht mit der sensorischen, sondern mit der physikalischen Brille betrachtet lautet die Formel: Zeit = Entfernung : Geschwindigkeit.

Immer, wenn wir die Sonne anschauen, sehen wir sie, wie sie vor ca. 8 Minuten ausschaute. Ein Photon braucht ca. 8 Min., um die 150.000 km zwischen Sonne und Erde zurückzulegen.

Wir gelangen, sensorisch betrachtet, durch zeitliche Aspekte der Signalverarbeitung in den Sinnesorganen und im Zentralnervensystem zu unserer Zeit-Empfindung. In das weitere Umfeld gehören die biologischen Rhythmen, die periodische Aktivität des Stoffwechsels der Nervenzellen, die durch das Nervensystem kontrollierten rhythmischen Organfunktionen (Atmung, Herzschlag) und die Schlaf-Wach- bzw. Bewußtseinsrhythmen.

Zur Entwicklung des Zeiterlebens in der Kindheit schreibt Otto-Joachim GRÜSSER: „Das motorische Verhalten des noch unreifen Kindes im Mutterleib wird von nervös gesteuerten Biorhythmen beeinflußt. Nach der Geburt werden diese endogenen Rhythmen von Umweltfaktoren mitbestimmt. Das noch sehr „unreife“ Gehirn eines normalen Säuglings hat die Fähigkeit, neue zeitliche Periodizität rasch zu erlernen (z.B. die Zeiten des Stillens). Die bewußte Zeiterfahrung des Kindes entwickelt sich jedoch erst im 4. bis 5. Lebensjahr. Es ist daher nicht sehr wahrscheinlich, daß das Zeiterleben nur durch genetisch bestimmte, bis zum 4. oder 5. Lebensjahr spontan „reifende“ Funktionen des Gehirns geprägt wird. Zeiterleben ist vermutlich auch von der Erfahrung, und vor allen von sprachlichen Lernprozessen abhängig. Erscheint dem erwachsenen, nachdenkenden Menschen die Strukturierung der Zeit a priori gegeben, so läßt sich daraus nicht sicher schließen, daß dieses a priori nicht auch Komponenten enthält, die erfahrungs- und erziehungsabhängig sind (1983, S. 80)."

Wenn Sie das Haus verlassen und Ihrem Kind sagen, sie seien in einer Stunde zurück, wird Ihr Kind vielleicht mit 4/5 Jahren fragen: „Sind das ein oder zwei Pumuckel-Platten-Seiten?“ Das Kind nimmt unterschwellig Zeit als Ordnungs- und Zähl-/Rhythmusfaktor wahr. Das Kind entwickelt sich von einem zeit-losen in ein zeit-bewußtes Wesen, und die sprachliche Strukturierung der Zeit ist meistens aus dem Bereich des Raumes entlehnt (z.B. Zeitraum, Strecke). Irgendwann ist das Kind sich der drei-dimensionalen Zeit (Vergangenheit-Gegenwart-Zukunft) ebenso bewußt wie des drei-dimensionalen Raumes (Höhe-Tiefe-Breite).

Das Zeit-Empfinden weist auf unterschiedliche (auch sensorische) Leistungen unseres Gehirns hin, die das Phänomen Zeit gebären. Die Bedingungen zeitlicher und räumlicher Empfindungen sind durch spezifische Eigenschaften der Informationsaufnahme und Informationsverarbeitung unserer Sinnesorgane und unseres Gehirns gegeben.

Wenn das Raum-Erleben aus der Körperfühlsphäre kommt und das Zeit-Empfinden aus den biologischen Rhythmen des Körpers, vielleicht lag I. KANT dann doch nicht so verkehrt mit seiner Äußerung: „Raum aber und Zeit sind beide nur in uns anzutreffen“, vor allem wenn wir den holistischen Schritt der Aufhebung der Grenze von innen und außen gehen.

„Der Zeitsinn beruht auf einer transmodalen zentralnervösen Analyse der durch die verschiedenen Sinnesdaten und der für die Wahrnehmung notwendigen motorischen Akte.“ – So ein moderner Sinnes-Neuro-Physiologe (GRÜSSER 1983, S. 91).

Zeit-Geber scheinen langsame biologische Rhythmen wie Herzschlag und Atmung zu sein, aber vor allem die elektrische Hirntätigkeit, die durch ein EEG abgeleitet werden kann. Der Alpha-Rhythmus der Großhirnrinde, aber auch die 5-7 Hz frequentierten Theta-Rhythmen im Bereich des Hip-

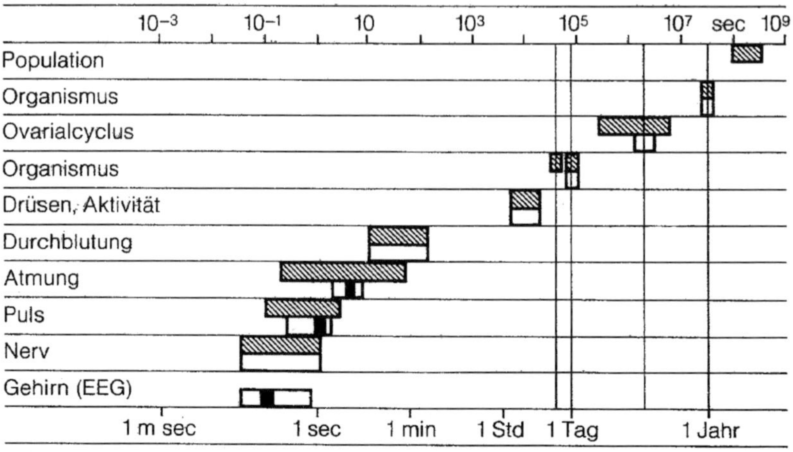

Abb. 33: Tabellarische Zusammenstellung der wichtigsten biologischen Rhythmen. Schraffiert: Säugetiere, weiß: Mensch. Die 4 senkrechten Linien entsprechen den wichtigsten Perioden in der Unwelt: Gezeitenrhythmik, Tagesperiodik, Mondumlauf und Jahr. (aus: Hoimar v. Dittfurth, Der Geist fiel nicht vom Himmel, Die Evolution unseres Bewußtseins, Hoffmann und Campe Verlag Verlag, Hamburg 1976)

pocampus und anderer „limbischer Strukturen" scheinen relevant für das Zeit-Empfinden zu sein.

Die Entwicklung der räumlichen Wahrnehmung

„Das Tiefensehen ist angeboren, doch sind erstmals beim zweijährigen Kind Wahrnehmungen der Raumtiefe und der Entfernung im Raum festzustellen. Das Kind glaubt in diesem Stadium, daß die nahen Dinge wirklich so groß und die entfernten Dinge tatsächlich so klein sind, wie sie aussehen. Erst nach dem zweiten Lebensjahr entdeckt das Kind die tatsächliche Größe der Gegenstände, wenn es zu ihnen hingehen kann. Ab diesem Zeitpunkt weiß das Kind, daß auch die entfernten Dinge normal groß sind, und zeichnet deshalb alle Dinge gleich groß, ganz egal, wie weit die Gegenstände entfernt sind. Das Kind kann noch nicht, wie der Erwachsene, perspektivisch zeichnen. Ab dem 4. Lebensjahr sind die Leistungen im Tiefen- und Entfernungssehen dem Erwachsenen bereits sehr ähnlich. Ab dem 12. Lebensjahr kann das Kind perspektivisch zeichnen und komplizierte Lageverhältnisse, wie etwa die vier Himmelsrichtungen erkennen. Im Vorschulalter oder in der frühen Schulzeit setzt die Trennung der realen von der irrealen Welt ein. Vorher sind Wirklichkeit und Phantasie eng verknüpft.

Übersicht	Rezeptoren/ Organ:	Physikalischer Reiz:	Perzeptions-funktion:	Verarbeitungs-ebenen	Bewußtseins-modus:	Genese:	Psycho-Physis:
1. Der Gleichgewichts-sinn/das Vestibularsystem	Vestibulum/Innen-ohr (Sacculus/ Utriculus/ Bogengänge)	Schwerkraft (Gravitation), Körperbeschleu-nigung, Kopfrotation	Körperposition bezüglich Erdanziehung, Körperbeschleu-nigung, Kopfbewegungen, Gleichgewichts-regulation, Lage im Raum, Lage der Körperteile zueinander.	(primär): Kleinhirn	weitgehend unbewußt	3. Monat intrauterin: Labyrinth angelegt, Funktionsbeginn 5.6./Monat intrauterin: Reifung	Sicherheit vs. Un-Sicherheit Gleichgewicht vs. Un-Gleichgewicht Ordnung vs. Un-Ordnung
2. Das kinästhetisch-propriozeptive System/Tiefen-wahrnehmung	Muskeln, Sehnen, Gelenke; Muskelspindeln (Muskeldehnung), Sehnenspindeln (Muskelkontrak-tion), Druckrezpetoren	Druck, Zug	Position, Bewegung Lokalisation, Körperinnen-sensibilität	(primär): Kleinhirn	teilweise bewußt	siehe: taktiles System	(Bewegungs-/ Körper-)Lust vs. Bewegungs-/ Körper-)Un-Lust
3. Das taktile System/Tasten-Fühlen	Haut: Thermo-, Noci- und Mechanorezep-toren	Druck, Vibration, Temperatur, Schmerz	Berührungs- und Vibrationsem-pfindung (passiv: taktil protopathisches System), Tasten (aktiv: taktil epikritisches System)	(primär); Protopathisches System: Thalamus; epikritisches System: Cortex	protopathisches System: (weitgehend) unbewußt; epikritisches System: (voll) bewußt	2. Monat intrauterin: Mundregion reagiert auf Reize 3. Monat intrauterin: Hand, Körperoberfläche, Mundhöhle teilweise reiz- und schmerzempfind-lich 7. Monat intrauterin: alle physikalischen Reize werden von der Hand empfunden	Geborgenheit vs. Abgrenzung; (Schmerz-)Miß-empfinden vs. Wohl-Befinden Zärtlichkeit/Liebe/ Nähe vs. Ferne/Flucht/ Angst
4. Das auditive System/Hören	Ohren/Innenohr (Schnecke)	Schallwellen (Luftdruckschwank ungen 16-20.000/Sek.)	Töne, Geräusche, Musik, Sprache, Lokalisation im Raum, Zeitempfinden	(primär): Cortex	(selektiv) bewußt	2. Monat intrauterin: Schneckenwindun gen angelegt 5./6. Monat intrauterin: alle Strukturen reif 7. Monat intrauterin: Reaktionen auf äußere Schallreize	Orientierung vs. Des-Orientierung Wohlbefinden vs. Mißempfinden Vertrautheit vs. Fremdheit Kommunikation
5. Das visuelle System/Sehen	Augen (Netzhaut/Retina)	Lichtwellen (elektromag-netische Wellen 380-760 nm)	Farben, Raum, Objekte, Bewegung, Helligkeit	(primär): Cortex (Hinterhaupt)	bewußt (aber stark selektiv)	4. Monat intrauterin: Sehstäbchen differenziert; 9. Monat intrauterin: Aufnahme von Lichtreizen vollständig	Helligkeit vs. Dunkelheit Sicherheit vs. Orientierungs-probleme Wohlbefinden vs. Verunsicherung Lust vs. Unlust Vertrautheit vs. Fremdheit
6. Das olfaktorische System/Riechen	Nase, Richepithel (sensible Nerven in der Nasen-schleimhaut)	Moleküle im Gaszustand		(primär): Allo cortex	weitgehend/wenig er bewußt	2. Monat intrauterin: Riechepithel vorhanden 5.-8. Monat Reifung	Lust vs. Unlust/Flucht
7. Das gustatorische System/ Schmecken	Zunge, Mund- und Rachenschleim-haut, Geschmacks-knospen	Geschmacks-richtungen: süß, salzig, sauer, bitter		(primär): Rautenhirn	(weniger) bewußt	2. Monat intrauterin: angelegt 4. Monat intrauterin: ausgereift 8. Monat intrauterin: Reaktion auf Mißempfindung	Lust vs. Unlust Genuß vs. Ekel

Die Entwicklung der zeitlichen Wahrnehmung

Anfangs lebt das Kind in einer dauerenden Gegenwart. Mit ca. zweieinhalb Jahren kann es die sprachliche Bezeichnung „Zukunft“ richtig verwenden. Mit ca. drei Jahren kennt es die Bedeutung der „Vergangenheit“. Mit fünf Jahren kann es die Wochentage richtig angeben, mit sieben Jahren die Monate, Jahreszeiten und die Uhrzeit. Erst in der späteren Kindheit kann zwischen der nahen Vergangenheit (gestern) und einer länger zurückliegenden Zeit (vor Jahren) sowie einer nahen und fernen Zukunft unterschieden werden. Ab dem 12. Lebensjahr kann das Kind mit geschichtlichen Zeiträumen umgehen“ (ALTENTHAN et al., 1991).

3.8. Dys-Praxie

Praxie ist die physiologische Fähigkeit, erlernte zweckmäßige Bewegungen auszuführen; A-Praxie ist die Unfähigkeit, dies zu tun und Dys-Praxie ist eine Störung/Beeinträchtigung bei der Ausführung praktischer Handlungen.

Neben dem Moto-Cortex gibt es noch andere Rindenzentren, die zusammenfassende Bewegungsabläufe anordnen, die dann erst von den Zellen der Zentralwindung weiter zur Ausführung über das Pyramiden- und Extrapyramidalsystem gelangen. Diese sogenannten sekundären motorischen Rindenzentren oder motorische Assoziationsfelder (der Moto-Cortex ist ein Projektionsfeld) liegen z.B. vor der vorderen motorischen Zentralwindung. Bei Menschen, bei denen diese Rindenfelder ausfallen, können die einzelnen Muskeln noch bewegt werden, aber kompliziertere Handlungen nicht mehr; sie leiden an einer Apraxie. Viele Sinnesmodalitäten tragen zur Entwicklung der Praxie bei, vor allem die taktilen und propriozeptiven. Ein gutes Körperschema, daß durch gute taktilkinästhetisch-vestibuläre Eindrücke entstanden ist, erleichtert bzw. ermöglicht Praxie; daneben spielen zeit-räumliche Elemente eine große Rolle.

Nach LURIA ist die Praxie eine Leistung der integrativen Prozesse des ganzen Gehirns, letztendlich eine Binsenweisheit, da alle Prozesse ein als Hologramm arbeitendes Gehirn benötigen.

Die Lokalisationstheorie geht davon aus, daß bestimmte Areale bestimmte Funktionen – primär – steuern, initiieren etc.

„REMSCHMIDT (1981) und AYRES (1979) gehen davon aus, daß die Fähigkeit zum motorischen Planen auf einem differenziert entwickelten Körperschema beruht. Das heißt, das Kind muß ein Wissen um die Verhältnisse seiner Körperteile zueinander und deren Bewegungsmöglichkeiten haben. Bei mangelnder Integration des vestibulären Systems, der propriozeptiven Mechanismen und der diskriminativen taktilen Funktionen ist die Entwicklung einer Vorstellung des eigenen Körpers beeinträchtigt. Somit können auch Bewegungen nur wenig flexibel ausgeführt werden. Ein Kind, das z.B. nur diffuse Meldungen der somatosensorischen Rezeptoren (Haut-, Muskel- und Gelenkrezeptoren) über die Lage, Anzahl und Größe seiner Finger erhält, wird auch Probleme bei der Stifthaltung haben, die ein kompliziertes Zusammenspiel vieler differenzierter Einzelbewegungen der Finger ist.

AYRES (1979) nimmt an, daß bei dyspraktischen Kindern diffuse taktile Reize nicht adäquat gehemmt werden können. Eine solche Hemmung würde aber eine größere Spezifität der sensorischen Analyse ermöglichen, d.h. das Kind erhielte genauere Informationen über seinen Körper und dessen Bewegungen. Während Dyspraxien bei Erwachsenen vor allem Folgen von Läsionen verschiedener Hirnteile sind, vermutet man, daß bei den sogenannten Entwicklungsdyspraxien im Kindesalter Integrationsstörungen zugrundeliegen. Dyspraktische Kinder fallen auf durch z.B. verlangsamte, ungelenke Bewegungen, nicht zielgerichtete Handlungen, Probleme bei alltäglichen Handlungen wie Anziehen, Kneten, Schneiden, Kleben und in der Schule beim Schreibenlernen" (BRAND/BREITENBACH/MAISEL, 1988). Es ist unseres Erachtens verwirrend, einen feststehenden und klar definierten Begriff wie den der Dyspraxie unter einem anderen Aspekt zu betrachten (vgl. LIPPERT 1989, S. 555). Wenn es sich bei der sog. „Entwicklungs-Dyspraxie" tatsächlich um eine entwicklungsbedingte Bewegungsplanungs- bzw. Bewegungsablauf-Störung handeln sollte und diese ihre Ätiologie in einer sensorischen Integrationsstörung hat, scheint es uns sinnvoller, diese Auffälligkeiten adäquater zu benennen.

„Das Körperschema kann im wesentlichen als das Bild, das ein jeder von sich selbst hat, bezeichnet werden. Als weitgehend synonym werden die Begriffe Körperbewußtsein, Körperbild oder Körperplan, Body-Image, Body-Schema u.a. benutzt. FROSTIG (1973) differenziert Körperimago, Körperschema und Körperbegriff und ordnet diese als Teilaspekte des Körperbewußtseins ein. Körperimago entsteht aus der „Summe aller auf den Körper bezogenen Empfindungen, der Körper, wie er sich anfühlt" (FROSTIG 1973, S. 45); Grundlagen sind die taktil-kinästhetischen Wahrnehmungen. Demgegenüber versteht FROSTIG unter Körperschema die Regelung von Haltung und Bewegung. Bei nicht behinderten Menschen sind Körperimago und Körperschema kaum voneinander zu trennen. Bei verschiedenen Formen von Behinderung ist es aber denkbar, daß die Körperwahrnehmung verändert ist, ohne daß es zu Störungen von Haltung und Bewegung kommt; andererseits ist z.B. bei zerebraler Bewegungsstörung die Bewegungskoordination gestört, ohne daß die Körperwahrnehmung verändert sein muß. Der Körperbegriff bezieht sich auf die Kenntnis des eigenen Körpers; er beinhaltet das Wissen um die anatomische Gestalt und die Körperfunktionen. In Anlehnung an FROSTIG kann das Konzept des Körperbewußtseins erweitert werden, indem drei Ebenen postuliert werden, die aufeinander aufbauen, sich aber gegenseitig beeinflussen und überlagern:

- *die Ebene der Wahrnehmung* überwiegend im taktil-kinästhetischen, aber auch im visuellen Bereich: der Körper wird empfunden;
- *die kognitive Ebene*, auf der Wissen um die anatomische Gestalt, die einzelnen Körperteile, die Bewegungsmöglichkeiten der Gelenke, die Körperfunktionen, die Steuerung von Haltung und Bewegung entwickelt wird: der Körper wird kennengelernt und verstanden;
- *die psycho-soziale Ebene*, auf der der eigene Körper im Spiegel von Selbst- und Fremdwahrnehmung gesehen wird: der Körper wird erlebt.

Die Entwicklung des Körperschemas – diese Bezeichnung wird entgegen der Definition von FROSTIG allgemein als Oberbegriff gebraucht analog zu dem Körperbewußtsein bei FROSTIG – vollzieht sich in einem komplexen Prozeß von Reifung des Zentralnervensystems und Entwicklung aller Wahrnehmungs- und Bewegungsfunktionen und -erfahrungen, von kognitiver, emotionaler und psycho-sozialer Entwicklung. Eine Untersuchung des Entwicklungsverlaufs unterliegt erheblichen methodischen Schwierigkeiten. Allgemein wird jedoch angenommen, daß sich die Entwicklung des Körperschemas im wesentlichen im Alter von etwa 4 bis 11 Jahren vollzieht" (DORDEL 1987).

Voraussetzung für die Praxie ist das intakte Funktionieren des vestibulären, taktilen und propriozeptiven Systems. AYRES (1979) empfiehlt daher die Förderung dieser drei Sinnessysteme, wie sie bereits in den vorangegangenen Kapiteln beschrieben wurde. Der/die Therapeutin schafft dabei eine Umwelt, die auf den entsprechenden Entwickungsstand des Kindes abgestimmt ist, d.h. die Spielangebote sollen das Kind nach Möglichkeit nicht über-, aber auch nicht unterfordern. An das Kind sollen keine Forderungen gestellt, sondern in der Therapie eine Atmosphäre geschaffen werden, in der es sich, so wie es ist, angenommen fühlt. So entwickelt es von sich aus ein Interesse, mit den angebotenen Spielmaterialien zu experimentieren. Eine Steigerung der Motivation kann durch Fragen, ob es diese Aufgabe schon durchführen kann, erzielt werden (vgl. AYRES 1979, S. 138). Die taktile Stimulation sollte immer an aktives Handeln gekoppelt sein; da das Kind die taktilen Reize dadurch selber verursacht, die besser vom Nervensystem integriert werden als fremdverursachte. Außerdem wird hierdurch die Fähigkeit, motorisch zu planen, gefördert (vgl. AYRES 1979, S. 136). Ziel der Therapie dyspraktischer Kinder ist es nach AYRES weiterhin, ganzkörpermotorische Aktivitäten anzubieten, da dadurch die Möglichkeit des generalisierten Lernens größer ist und dies auch der kindlichen Entwicklung entspricht, die von groben hin zu feinen Prozessen verläuft (vgl. AYRES 1979, S. 137/138).

3.9 Ursachen und Diagnose Sensorischer Integrationsstörungen

Es gibt, nach Sichtung der Literatur, derzeit noch keine verläßliche Methode zur Feststellung sensorischer Integrationsstörungen – daher der „Rückgriff" auf die Diagnose „leichter Hirnfunktionsstörungen". (Der SCSIT scheint den Testkriterien nicht unbedingt zu genügen.)

BAUER (1986) stellt fest, daß eine gestellte Diagnose leichter Hirnfunktionsstörungen bei den Eltern erhebliche Schuldgefühle hervorrufen und zu familiären Beziehungsstörungen führen kann. Dies wiederum kann die Persönlichkeitsentwicklung des Kindes zusätzlich beeinträchtigen (BAUER, S. 74). Wird eine vorhandene leichte Hirnfunktionsstörung jedoch erst später oder gar nicht diagnostiziert und behandelt, kommt es mit hoher Wahrscheinlichkeit zu schwerwiegenden Folgeerscheinungen.

Ob die Diagnose leichter Hirnfunktionsstörungen zu Schuldgefühlen bei den Eltern führt oder nicht, ist entscheidend davon abhängig, wie den Eltern dieser Sachverhalt vermittelt wird. Eine gute Lösung stellt der Vorschlag von NEUHÄUSER (1980) dar, eine Diagnose leichter Hirnfunktionsstörungen als Verdachts- und „Förderdiagnose" zu stellen (vgl. NEUHÄUSER 1980). „Selbst wenn sich der Verdacht einer frühzeitig und vorsorglich gestellten Vermutungsdiagnose nicht bestätigt ist dies unbedeutend im Vergleich zu den erheblichen Folgen, die eine zu späte Diagnose nach sich ziehen kann. Fördermaßnahmen werden dem Kind niemals schaden, sondern in jedem Fall nützlich sein. Demgegenüber führen Versäumnisse fast immer zu erheblichen Anpassungs- und Verhaltensstörungen im Sinne einer Reaktionsbildung des Kindes auf sich selbst und seine Umwelt" (BAUER 1986, S. 73/74).

Anamnese

Das anamnestische Gespräch ist wesentlicher Bestandteil der Diagnose sensorischer Integrationsstörungen, da hierdurch die Wahrscheinlichkeit und die Ursachen einer vorliegenden sensorischen Dysfunktion bzw. Hirnschädigung angeblich abgeklärt werden.

Prä-, peri- und postnatale Risikofaktoren

Die Ursache leichter Hirnfunktionsstörungen werden „überwiegend in einer leichten Irritation des kindlichen Gehirns gesehen, die während der Schwangerschaft oder des ersten Lebensjahres abgelaufen ist" (HARBAUER 1980, S. 356). Die durch prä-, peri- und postnatale Risikofaktoren verursachten Störungen sind nach BAUER (1986, S. 23) in ihrem Schweregrad insbesondere von zwei Faktoren abhängig:

1. Der Wahrscheinlichkeit eines Sauerstoffmangels

Viele Risikofaktoren schädigen das Gehirn erst, wenn sie mit einem Sauerstoffmangel verbunden sind bzw. darin einmünden. Bereits eine Unterbrechung der Sauerstoffzufuhr für nur wenige Minuten kann die Gehirnfunktionen schwerwiegend beeinträchtigen.

2. Dem Zeitpunkt der Schädigung

Je früher die Schädigung eintritt, um so gravierender wirkt sie sich auf das noch in der Entwicklung befindliche kindliche Gehirn aus. Auf einer frühen Entwicklungsstufe führen selbst geringfügige Schädigungen fast immer zu diffusen zerebralen Beeinträchtigungen, da das Gehirn nicht besonders ausdifferenziert ist und somit mehrere zentrale Funktionseinheiten beeinträchtigt werden (vgl. BAUER 1986, S. 24).

Pränatale Risikofaktoren:

Den pränatalen Risikofaktoren kommt besondere Bedeutung zu, da das Gehirn in diesem Zeitraum besonders verletzlich ist.

Hierzu zählen:

- Blutungen während der ersten drei Schwangerschaftsmonate
- entzündliche Erkrankungen oder Infektionen bei der Mutter (z.B. Rötelnembryopathie, Toxoplasmose, Virus-Hepatitis, Malaria)
- Schwangerschaftsgestose
- Belastungen durch Röntgenstrahlen
- Fehl- oder Mangelernährung
- Schädigungen durch Nikotin-, Alkohol-, Drogen- oder Medikamentenkonsum
- psychische Belastungen wie Streß, Verlust einer nahestehenden Person oder ein psychisches Trauma während der Schwangerschaft (vgl. BAUER, S. 24/25).

Perinatale Risikofaktoren

Die während der Geburt eintretenden Komplikationen sind fast immer mit einem Sauerstoffmangel verbunden und haben deshalb als Verursachungsbedingungen das größte Gewicht.

Von Bedeutung sind:

- Lageanomalien
- überlange Geburtsdauer
- Asphyxie
- operative oder instrumentale Entbindungen, wie Kaiserschnitt, Zangen- oder Saugglockengeburt
- verlängerte Wehentätigkeit oder zu niedriges Geburtsgewicht (unter 2500 g)
- abweichender Geburtstermin (Früh- oder Spätgeburt)
- Beckenanomalien
- Sturzgeburten
- Alter der Mutter unter 16 oder über 35 Jahre (vgl. BAUER 1986, S. 19; ONDARZA-LANDWEHR 1979, S. 19-29)

Postnatale Risikofaktoren

Bei den postnatalen Risikofaktoren handelt es sich um:

- fieberhafte und entzündliche Erkrankungen mit unmittelbarer Auswirkung auf zerebrale Funktionen, z.B. Enzephalitis, Meningitis, zerebrale Krampfanfälle
- Infektionskrankheiten wie Scharlach, Keuchhusten, Mumps oder Windpocken, wo besonders im Säuglings- und Kleinkindalter eine hirnorganische Mitreaktion nicht ausgeschlossen werden kann
- Neugeborenengelbsucht
- Impfschäden
- Atemstörungen oder Atemnotzustände
- Ernährungsstörungen oder Vergiftungen
- Verletzungen oder Unfälle (vgl. BAUER 1986, S. 25)

Neurophysiologische Diagnose-Hypothesen/SI-Theorie:

Mögliche Ursachen, die eine Störung der sensorischen Integration bewirken können.

1. „Auf mangelhafte, schwache oder unzuverlässige sensorische Reize erfolgt keine ausreichende Rückkopplung.
2. Die Übermittlung der Sinnesinformationen in Cerebellum, Netzkörper oder Thalamus kann fehlerhaft sein.

3. Die integrativen Systeme regulieren nicht im richtigen Tempo die ein- und ausströmenden Reize, sie wirken nicht ausgeglichen und zeitlich aufeinander abgestimmt zusammen“ (SEILER 1988, S. 118).
4. Eine zu starke Wirkung der sensorischen Reize veranlaßt eine Hyperaktion (Überempfindlichkeit) in der Wahrnehmung, eine zu schwache Wirkung veranlaßt eine Hypoaktion.

   Die Selektion von Reizen ist unzureichend, Inhibition und Fazilitation der Reize ist mangelhaft.

Apparative Testverfahren

Zu den apparativen Zustandsbefunden zählt in erster Linie die Elektroencephalographie (EEG). Andere apparative Methoden, wie das Elektromyogramm (EMG), Röntgenaufnahmen und axiale Computertomographie werden bisher erst selten als Diagnosemittel herangezogen, da ihre Bedeutung für den Nachweis leichter Hirnfunktionsstörungen bisher nicht ausreichend erforscht ist (vgl. BAUER 1988, S. 86).

Die Bedeutung der Elektroenzephalographie als geeignetes Diagnosekriterium ist noch sehr umstritten. Von einigen Forschern wurden pathologische Veränderungen im EEG-Muster bei Kindern mit leichten Hirnfunktionsstörungen beobachtet. JUNGMANN (1983) hält dagegen, daß Besonderheiten im EEG-Befund stark alters- und entwicklungsabhängig sind und eine Schwankungsbreite zeigen. Weiterhin sind die Übergänge zwischen pathologischen und normalen Befunden oftmals fließend, so daß seiner Meinung nach EEG-Anomalien bei Kindern mit leichten Hirnfunktionsstörungen nicht häufiger auftreten als bei anderen Kindern (vgl. JUNGMANN 1983, S. 24; BAUER 1986, S. 86). Desweiteren zeigen viele Kinder mit leichten Hirnfunktionsstörungen ein völliges unauffälliges Hirnstrombild (vgl. BAUER 1986, S. 86).

Die Elektroenzephalographie kann also nicht als ausschlaggebende Untersuchungsmethode einer leichten Hirnfunktionsstörung herangezogen werden, sie kann aber in Verbindung mit anderen Tests zusammen Aufschluß über eventuelle Störungen geben und stellt in diesem Rahmen eine sinnvolle Ergänzung dar. Das Gehirn sendet elektrische Impulse in Wellenform aus. Diese elektrischen Impulse werden pro Sekunde berechnet: Im normalen Wachzustand, beim logisch-analytischen Denken, sendet das Gehirn ca. 20 Impulse pro Sek. aus = BETA-Wellen.

In einem entspannten Zustand und leichtem Schlaf sind es zwischen 7 und 14 Zyklen pro Sek. = ALPHA-Wellen. In diesem ALPHA-Wellenbereich ist das Gehirn sehr aufnahme- und leistungsfähig, beide Hirnhemisphären kooperieren sehr gut miteinander. Noch langsamere Frequenzbereiche werden als THETA-Wellen (4-7 Hz) bezeichnet und die langsamsten – die des Tiefschlafs – heißen DELTA-Wellen (2-4 Hz). Beim Kleinkind sind die THETA- und DELTA-Wellen vorherrschend. Mit zunehmendem Alter kommen auch die anderen Frequenzbereiche zum Einsatz. Zwischen 7 und 14 Jahren herrschen die ALPHA- Wellen vor; danach beginnt verstärkt die Aktivität der BETA-Wellen. Kinder stehen oftmals unter Leistungsdruck von seiten der Eltern und der Schule oder auch verinnerlichter Druck lastet auf ihnen. Dadurch kommt es zu Blockaden und Dysfunktionen – das Begabungspotential kann nicht ausgeschöpft werden. Angst macht „dumm“, d.h., zu großer Streß beeinträchtigt die Arbeit des Gehirns, auch die sensorisch-integrative.

Testpsychologische Untersuchungen der Kognitiven Entwicklung

Nach BAUER (1986) werden anhand der testpsychologischen Untersuchungen Lern- und Leistungsstörungen, sowie Störungen im Verhaltens- und Persönlichkeitsbereich erfaßt und beurteilt. Die psychologischen Untersuchungen, die eine wichtige Ergänzung zur ärztlichen Anamnese sind, haben ihren Schwerpunkt in der Erfassung von Entwicklungsdaten und der Beobachtung und Analyse des kindlichen Problemverhaltens (vgl. BAUER 1986, S. 85). Während affektiv-emotionale und soziale Auffälligkeiten wie Angst, Aggression, mangelndes Selbstvertrauen oder Kontaktschwierigkeiten eher anhand von Verhaltensbeobachtung ermittelt werden, greift man bei der Überprüfung, ob Teilleistungs- oder Grundstörungen im Bereich der Wahrnehmung, Intelligenz, Konzentration, Sprache und Schulleistungsstörungen vorliegen im allgemeinen auf standardisierte Testverfahren zurück (vgl. BAUER 1986, S. 85). Aus der Fülle der verschiedenen Tests wurden vier ausgewählt, die hier näher beschrieben werden.

1. Hamburg-Wechsler-Intelligenztest/Revision (HAWIK-R)

Der HAWIK-R ist ein Intelligenztest für Kinder im Alter von 6 bis 15 Jahren. Er besteht aus 11 Untertests, die sich in einen Handlungs- und Verbalteil gliedern. Neben der Feststellung des Intelligenzquotienten (sofern man/frau an einen solchen glauben kann), können anhand dieses Tests Aussagen über das individuelle Leistungsprofil des Kindes gemacht werden. Zeigt das Kind bei einigen Untertests z.B. beim Bilderordnen und Figurenlegen Schwächen, so wird daraus auf eine Störung der visumotorischen Koordination und des räumlichen Vorstellungsvermögens geschlossen, deren Ursache auf eine mangelnde Integration vestibulärer Informationen mit taktil-kinästhetisch-vestibulären Reizen im Gehirn zurückzuführen ist (TEWES 1983, S. 15-19).

2. Hannover-Wechsler-Intelligenztest (HAWIVA)

Dieser Test wurde für Kinder im Alter von 4 bis 6,5 Jahre entwickelt und dient der Frühdiagnose der Intelligenz sowie der frühen Erfassung geistiger Entwicklungsstörungen (vgl. EGGERT 1983, S. 5). Geprüft wird, wie das Kind Probleme im sprachlichen und nichtsprachlichen Bereich löst.

Bei den Untertests handelt es sich überwiegend um Abwandlungen der im HAWIK-R vorkommenden Aufgaben, wobei leichtere hinzu- und schwerere herausgenommen wurden. Wie beim HAWIK-R geben die einzelnen Untertests Aufschluß über die Wahrnehmungsfähigkeit des Kindes in verschiedenen Bereichen. Das Hauptziel ist auch hier die Differentialdiagnose, um spezielle Förderhinweise zu bekommen.

3. Psycholinguistischer Entwicklungstest (PET)

Auch der PET dient der diagnostischen Messung und Differenzierung verschiedener Aspekte der kognitiven und sprachlichen Fähigkeiten des Kindes. Der Test wurde für Kinder im Alter von 4 bis 10 Jahren konstruiert und setzt sich aus 12 Untertests zusammen, die sich in einen auditiven und einen visuellen Teil gliedern. Anhand der Auswertung können demzufolge Leistungsdefizite und -stärken in diesen Bereichen aufgezeigt werden. Der PET stellt für Fachleute, die überhaupt mit Tests arbeiten möchten, im Rahmen der Differentialdiagnose eine geeignete Ergänzung zum HAWIK-R bzw. HAWIVA dar. Bei Schwächen im visuellen Teil des PET lassen sich häufig Schwierigkeiten des Kindes in der visu-motorischen Koordination im Handlungsteil des HAWIK-R beobachten. Die Kopplung der beiden Tests gibt neben einer gezielten Differentialdiagnose Hinweise darüber, wo eine Förderung ansetzen sollte.

4. Der Southern California Sensory Integration Test (SCSIT) von AYRES

Der SCSIT wurde 1980 von Jean AYRES veröffentlicht. Er besteht aus 17 Untertests, die größtenteils schon vorher erschienen waren. Dieser Test gibt angeblich Aufschluß über die Wahrnehmungsverarbeitung bzw. -fähigkeit des Gehirns bei Kindern zwischen 4 und 9 Jahren. Überprüft wird die Integration vestibulärer, propriozeptiver, taktiler und optischer Reize sowie die Bewegungsplanung, die Augen-Hand-Koordination und die Haltungs- und Augenmuskelreaktionen (vgl. AYRES 1984, S. 1). Der SCSIT ist so aufgebaut, daß er von den Testpersonen ohne sprachliche Äußerungen durchgeführt werden kann. Der Test läßt sich in folgende Bereiche aufgliedern.

3 Tests zur visuellen Wahrnehmung, z.B. räumliche Wahrnehmung und Figur-Grund-Wahrnehmung,

2 feinmotorische Tests, z.B. Musternachzeichnen,
6 Taktil-kinästhetische Tests, z.B. Formwahrnehmung durch die Hände oder Fingerunterscheidung, 6 Tests zur Körperwahrnehmung, z.B. Tast-Lokalisierung oder Posennachahmung (vgl. BRAND et al. 1988, S. 85-94).

Anhand der Testergebnisse können angeblich Aussagen darüber gemacht werden, ob bei dem Kind eine Störung des Gleichgewichtssystems, eine taktile Abwehr, eine Dyspraxie oder Störungen der visuellen Wahrnehmung bzw. des Hörens oder der Sprache vorliegen und ob das Kind eine normale Seitenbevorzugung bei seinen Handaktionen ausgebildet hat (vgl. AYRES 1984, S. 197). Durch die Zuordnung der Auffälligkeiten in die genannten Bereiche lassen sich genaue Hinweise und Ansatzpunkte für die therapeutische Arbeit ableiten.

Die hier beschriebenen psychologischen Untersuchungsbefunde tragen nach BAUER (1986) zwar wesentlich zur Diagnose leichter Hirnfunktionsstörungen bzw. sensorischer Integrationsstörungen bei, ihre eigentliche Gewichtung erhalten sie aber, wie die anderen Testverfahren auch, erst in Verbindung mit anderen Untersuchungsbefunden (vgl. BAUER 1986, S. 85). Es bleibt beim SCSIT die Frage, inwieweit dieser Test valide, reliabel und objektiv ist.

5. Perzeptiv-motorische Skalen

Nach BAUER (1986) dient diese Untersuchung in erster Linie dem Nachweis psychomotorischer Entwicklungsverzögerungen und der Erfassung neurotischer Fehlentwicklungen und Verhaltensauffälligkeiten. Abweichungen im Entwicklungsverlauf sind für die Diagnose besonders relevant, da sie als Hinweis auf Hirnfunktionsstörungen angesehen werden können. Von besonderer Bedeutung sind die motorische, sprachliche und soziale Entwicklung im Säuglings- und Kleinkindalter (vgl. BAUER 1986, S. 83/84).

6. Denver-Skala

Um überprüfen zu können, wann ein Kind in etwa über welche grob- und feinmotorischen, sprachlichen und sozialen Fähigkeiten verfügen sollte, haben FRANKENBURG und DODDS 1970 die Denver-Entwicklungsskalen veröffentlicht. Hierbei handelt es sich um eine Tabelle, aus der ersichtlich wird, wann 25%, 50%, 75% und 90% der Kinder z.B. den Kopf heben können, das erste Mal lächeln, frei sitzen, stehen und laufen können oder „Mama“ sagen. Die Tabelle wurde von FLEHMIG (1973) ins Deutsche übersetzt und an den Universitätskliniken Hamburg-Eppendorf und Düsseldorf durch entsprechende Untersuchungen für den deutschsprachigen Raum standardisiert (vgl. FLEHMIG 1979, S. 34/35, 298 ff.).

Anhand dieser Skala lassen sich somit grobe Entwicklungsverzögerungen erfassen.

7. Uzgiris/Hunt: Ordinalskalen zur sensomotorischen Entwicklung

(0-24 Monate)

Diese Skalen sind eine Erweiterung der Stufen der sensomotorischen Entwicklung nach PIAGET. Der Gebrauch von Ordinalskalen zur Überprüfung der sensomotorischen Entwicklung bei retardierten, wahrnehmungsgestörten, behinderten Kindern setzt voraus, daß diese in gleicher Abfolge wie nichtbehinderte Kinder die sensomotorischen Verhaltensweisen entwikkeln. Diese Frage kann beim derzeitigen Stand der Forschung und der Bandbreite möglicher Abweichungen nicht eindeutig beantwortet werden.

8. Münchener funktionelle Entwicklungsdiagnostik (HELLBRÜGGE et al., 1978)

(0-3 Jahre)

Folgende Fähigkeitsbereiche werden getestet:

- Grobmotorik
- Handgeschicklichkeit
- Perzeption
- aktive Sprache
- Sprachverständnis
- Sozialverhalten
- Selbständigkeit

9. Griffiths-Entwicklungsskalen

(1-24 Monate)

Diese Skalen versuchen den Entwicklungsstand in den ersten 24 Lebensmonaten zu erfassen und eine frühzeitige Therapie bei Entwicklungsverzögerungen zu initiieren.

Folgende Unter-Skalen werden erfaßt:

- Motorik
- Persönlich-Soziales
- Hören und Sprechen
- Auge und Hand
- Leistungen

Für jede der 5 Unter-Skalen kann ein gesonderter Entwicklungsquotient berechnet werden; daraus ergibt sich das Entwicklungsprofil.

10. MPE-motorisch-perzeptorische Entwicklung
(HOLLE, B. et al.)

(0-7 Jahre)

Das MPE-Schema gibt ein Bild von den wechselseitigen Verhältnissen in der Entwicklung zwischen 14 Bereichen, die in der Beziehung zum chronologischen Alter betrachtet werden. Es gibt keinen Intelligenzquotienten an oder das Entwicklungsalter in Zahlen oder Prozenten.

Die Entwicklungen folgender Bereiche werden im MPE berücksichtigt:

- Grobmotorik
- Handmotorik und Auge-Hand-Koordination
- Eß- und Sprechorgane
- Kinästhetischer Sinn und Auffassung vom eigenen Körper und dessen Bewegungen in Raum und Zeit
- Fühlen – Gefühlssinn – taktile Wahrnehmungen
- Sehen – optische Wahrnehmungen
- Hören – akustische Wahrnehmung, impressive Sprache
- Sprechen – expressive Sprache
- Darm- und Blasenkontrolle
- An- und Ausziehen
- Persönliche Hygiene
- Fertigkeiten vor dem Lesen
- Schreiben können
- Mengen- und Zahlenbegriff

Befunderhebung von Störungen der Sensomotorik und Perzeption

1. Beobachtungsmöglichkeiten

z.B.
Stehen – Fortbewegung
Positionsveränderungen
Hindernisüberwindung
12 Punkte Beobachtungen Dr. Hochleitner
Selbsthilfe – An- und Ausziehen – Essen
Körperkenntnisse/Selbstbild
Umgang mit Werkzeug und Material

2. Screenings-Entwicklungsgitter

z.B.
FED Funktionelle Entwicklungs-Diagnostik
Denver-Skalen

Kiphard-Entwicklungsgitter
Oseretzky-Skalen

3. Tests

4-6	Jahre	MOT Motoriktest für Kinder
3-6	Jahre	MAP Miller Assessmenttest for Preschoolers
6-10	Jahre	FTM Frostig Test Motorik
4-9	Jahre	FEW Frostig Test der visuellen Wahrnehmung
5-14	Jahre	KTK Körperkoordinationstest für Kinder
4-10	Jahre	SCSIT Southern California Sensory Integration Test
3-10	Jahre	PET Psycho Linguistischer Entw. Test
1-7	Jahre	PEP Psycho Educational Profile

Lokalisation von Störungen der Perzeption

peripher	zentral	motorisch
bei der – Reizaufnahme	bei der – Leitung – Selektion – cortikalen Vernetzung	beim – out put – Reaktion – Reafferenz

organisch z.B.

– Hautdefekte
– Farbenblindheit
– Sehbehinderung
– Taubheit
– Schwerhörigkeit
– Spasmus

peripher z.B.

– hyposensible
– hypersensible
– Blockierung

subcortical z.B.

– Reizfilterung
– laterale Hemmung
– Reizleitung afferent
– Decordierung

cortical z.B.
– Verbindung – Vernetzung intersensorisch – interhemisphärische Ergänzung
motorisch z.B.
– Reizleitung efferent – Programmumsetzung – Reafferenz – Efferenzkopie

Psycho-Motorische Diagnostik

Motodiagnostik

Der Motodiagnostik kommt bei der diagnostischen Erfassung besondere Bedeutung zu, da sich selbst geringfügige Hirnfunktionsstörungen fast immer im motorischen Verhalten zeigen. Außerdem haben sich die motorischen Testverfahren in der Differentialdiagnostik als recht zuverlässiges Kriterium erwiesen (vgl. BAUER 1986, S. 82).

Nachfolgend werden die Motoskopie, der Trampolin-Körperkoordinationstest (TKT) und der Körperkoordinationstest (KTK) beschrieben.

Motoskopie

Die Motoskopie ist eine psychomotorische Untersuchungsmethode, bei der die Kinder einige vom Untersucher gestellte motorische Aufgaben durchführen. Hierzu zählen z.B. der Zehen-Fersengang vorwärts und rückwärts, auf einem Bein hüpfen, mit dem Daumen die anderen Finger der Reihe nach hin/ und zurück antippen usw. Wie und ob das Kind diese Aufgaben durchführt, gibt einen gewissen Aufschluß über die Fähigkeit des kindlichen Gehirns zur sensorischen Integration.

Trampolin-Körperkoordinationstest (TKT)

Der Trampolin-Körperkoordinationstest wurde von E. J. KIPHARD entwikkelt und dient der Grobdiagnose koordinativer Störungen bei Kindern ab vier Jahren (vgl. KIPHARD 1984, S. 54/55).

Bei diesem Test werden die Kinder aufgefordert, Fußsprünge auf einem Trampolin-Sprungtuch auszuführen. Während sich normal entwickelte Kinder, die zum ersten Mal auf dem elastischen Federtuch springen, bereits nach wenigen Sprüngen an die Fremdkinetik des Trampolins anpassen und gleichmäßige und harmonische Bewegungen zeigen, gelingt dies Kindern, die in ihrer motorischen Entwicklung beeinträchtigt sind, nicht. Sie haben große Mühe bei ihren vom Tuch verstärkten Sprungbewegungen das Gleichgewicht zu halten. Diese Schwierigkeit äußert sich in auffälligen Bewegungen, die KIPHARD in einem Beurteilungsschema zusammengefaßt hat. Dieses Schema beinhaltet neun Beobachtungskriterien, von denen die ersten fünf den Gesamteindruck betreffen: Gesamtablauf – Haltung – Spannungsgrad – Kraftmaß – Tempo.

Drei weitere Kriterien beziehen sich auf Seitendifferenzen: Gleichgewicht – Seitendifferenz – Haltungsfixation.

Das letzte Merkmal erfaßt vorhandene Extrabewegungen, wie z.B. Körperzittern oder ausfahrende Grobimpulse.

Der geschulte Untersucher kreuzt die auffälligen Bewegungsmerkmale an und kann anhand des Beurteilungsschemas den Ausprägungsgrad der Auffälligkeiten bestimmen und auf mögliche Ursachen einzelner Störbereiche schließen (vgl. IRMISCHER 1981, S. 202).

Körperkoordinationstest (KTK)

Anhand des Körperkoordinationstests kann angeblich der Entwicklungsstand der Gesamtkörperbeherrschung und -kontrolle von Kindern im Alter zwischen 5 und 14 Jahren erfaßt werden.

Der Test besteht aus vier Bewegungsaufgaben:

1. Balancieren rückwärts (BR) über verschieden breite Latten (Länge 3 m, Höhe 5 cm, Breiten 3 cm, 4,5 cm, 6 cm).
2. Monopedales Überhüpfen (MÜ) von rechteckigen Schaumstoffplatten (50 x 20 x 5 cm), von denen 12 aufeinandergelegt werden können (60 cm).
3. Seitliches Hin- und Herspringen (SH) über eine 2 cm hohe und 4 cm breite Holzleiste während 15 Sekunden.
4. Seitliches Umsetzen (SU), wobei sich das Kind innerhalb von 20 Sekunden auf 2 flachen Podesten (25 x 25 cm) durch Umsetzen seitwärts bewegt, ohne mit den Füßen den Boden zu berühren.

Diese ungewohnten und in der Alltagsmotorik kaum vorkommenden Bewegungssituationen setzen eine Ganzkörperkoordination voraus, die alters- und entwicklungsabhängig, aber intelligenzunabhängig ist (vgl. KIPHARD 1984, S. 49/50). Die Auswertung des Körperkoordinationstests erfolgt für

Mädchen und Jungen getrennt und ist nach Altersgruppen gestaffelt. Das Ergebnis läßt erkennen, ob die Gesamtkörperkoordination des Kindes dem Durchschnitt entspricht, auffällig oder pathologisch ist (vgl. KIPHARD 1984, S. 52).

Die nachfolgenden Bögen sollten verstanden werden als Beiträge zu einem sensorisch-neurophysiologischen Ansatz. Die Evaluation dieses Ansatzes entnehmen Sie bitte dem Band 2 „Von der HSI zur Holistischen Sensorischen Balance“, Bestell-Nr. 8106, der ca. Ende 1993/Anfang 1994 erscheinen wird.

Psychomotorischer Anfangsbericht

Name: ....
geb.: ....
Aufnahme:

1. Allgemeines Bewegungsverhalten
   Aktivitätsniveau
   Muskeltonus
2. Feinmotorik/Fingerdifferenzierung
3. Taktil-kinästhetisches Empfinden
   - Tastlokalisation
   - taktile Diskrimination
4. Vestibuläre Reizverarbeitung
5. Kopf-/Augenkontrolle
   - Nackenstellreflexe
   - Extraokulare Muskelkontrolle
6. Körperschema
   - Stellungsimitation
   - Orofaciale Imitation
   - begriffliche Kenntnisse
   - Gleichgewichthalten
7. Bewegungsplanung
   - Automatisierung
8. Umgang mit Materialien
9. Aufgabenverständnis

10. Anpassung in der Gruppe

11. Verhalten im Wasser

Zusammenfassung (Art des Störungsbildes):

Förderziele (Reihenfolge/Nah- und Fernziele; Hinweise für andere Bezugspersonen)

Psychomotorische Beobachtungen

I. Motorik

1. *gesamter Körper*
   a) Anheben des Kopfes und der Arme in Bauchlage
   b) Rückenlage: Kopf, gebeugte Beine und Arme gestreckt, – anheben und halten
   c) Purzelbaum
   d) Ballfangen (beidhändig)
   e) beidbeiniges Hüpfen, einbeiniges Hüpfen
   f) vorwärts und rückwärts laufen

2. *Hand/Fuß*
   a) Einsammeln von Streichhölzern und Muggelsteinen
   b) Garn auf Rolle wickeln
   c) Fingerspiele einhändig, beidhändig
   d) Fußbeweglichkeit (auf und ab, drehen)

3. *Mund*
   a) Grimassen nachahmen
   b) Saugen und blasen (Strohhalm)

4. *Augen*
   a) Verfolgen
   b) Fixieren
   c) Monokular verfolgen und fixieren

5. *Bewegungsverhalten*

II. Muskeltonus

6. *Insgesamt*
   a) In verschiedenen Stellungen auf dem Rollbrett ziehen (liegen, sitzen, knien).
   b) Das Kind auf dem Rollbrett im Schneidersitz hin- und herschieben.
   c) Sich im Kniesitz mit zwei Stäben auf dem Rollbrett vorwärts schieben.

d) Im Langsitz auf dem Boden Fahrrad fahren, ohne Abstützen der Hände.

7. Kraftdosierung

III. Körperschema

8. Allgemein

a) Körpermännchen malen

b) Körperteile ohne visuelle Kontrolle zeigen und benennen:

Geprüfte Körperteile	*Alter in Jahren*				
	4	5	6	7	8
Auge	x	x	x	x	x
Nase	x	x	x	x	x
Mund	x	x	x	x	x
Ohr	x	x	x	x	x
Wange	x	x	x	x	x
Hals	x	x	x	x	x
Bauch	x	x	x	x	x
Arm	x	x	x	x	x
Hand	x	x	x	x	x
Daumen	x	x	x	x	x
kl. Finger	x	x	x	x	x
Fuß	–	x	x	x	x
Bein	–	–	x	x	x
Ellenbogen	–	–	x	x	x
Ohrläppchen	–	–	–	x	x
Mittelfinger	–	–	–	x	x
Ringfinger	–	–	–	x	x
Kinn	–	–	–	x	x
Stirn	–	–	–	–	x
Zeigefinger	–	–	–	–	x

c) Raumrichtung einhalten

d) Dasselbe mit akustischen Signalen

e) Richtungsänderung (plötzliches Anhalten oder Änderung der Richtung auf Signal)

f) Re.-li-Diskrimination ab 6 Jahren (oben-unten-neben)

IV. Lateralisation

9. Bilateralintegration

a) Einbeinstand sehend

b) Fuß- vor Fuß-Gang auf vorgegebener Linie
c) Doppelkreistest

10. Körpermittellinie

a) Füße überkreuzen, auf einer Linie gehen (vorwärts und rückwärts)
b) mit überkreuzten Händen auf dem Rollbrett in Bauchlage drehen
c) Stellungen nachahmen, die die Mittellinie überkreuzen
d) Linie vor links nach rechts ziehen und umgekehrt, waagerecht und diagonal
e) Perlen aufheben von der rechten und linken Körperseite und umgekehrt.

11. Dominanz

a) Schießen und werfen eines Balles

V. Wahrnehmung

12. Taktile Wahrnehmung

a) Verschiedene Formen auf den Handrückenzeichnen (Diskrimination) b) Auf rechts und links Hand/Unterarm werden Punkte berührt
c) Verschiedene Körperteile berühren
d) Dasselbe mit 2 verschiedenen Reizen

13. Kinästhetische Wahrnehmung

a) Posen nachahmen
b) Japanball selbsttätig hochwerfen und fangen

14. Gleichgewichtswahrnehmung

a) Einbeinstand mit geschlossenen Augen
b) Balancieren auf einer Bank
c) Trampolinspringen/Luftkissen
d) Drehbewegungen (ca. 20/30 sec. Nystagmus)

15. Reflexe

a) Einhalten einer Position: Arme ausgestreckt, Finger abgeknickt, geschlossene Augen und Kopf passiv drehen
b) Vierfüßlerstand: mit leicht gebeugten Armen auf die Hände gestützt, Augen geschlossen, der Kopf passiv drehen
c) Wie oben, den Kopf auf und ab bewegen
d) Handstütz: das Kind krabbelt mit erhobenem Kopf (Sandsäckchen)

16. Auditive Wahrnehmung

a) Verschiedene Aufträge erfüllen

b) Klatschen in die Hände und auf die Schenkel (Reihenfolge und Anzahl einhalten)

17. Visuelle Wahrnehmung

a) Das Bild mit den vorgegebenen Farben und Formen ergänzen
b) Nachlegen einer Form (Stern aus 8 Teilen)

18. Figur-Grund-Wahrnehmung

a) Auf musikalischem Hintergrund zusätzliche Klangquellen heraushören

VI. Dyspraxie-Bewegungsplanung

a) Kind kann sich
in Raum
in Zeit
orientieren
b) die Handlungsabfolgen sind sinnvoll

I. Motorik (Negativ-Formulierung)

1. Gesamter Körper

- Das Kind kann seinen Kopf und seine Körperteile/Gliedmaßen nur mühsam gegen die Schwerkraft anheben, vor allem im Liegen (Reflexe)
- Es hat Probleme beim Purzelbaum, Ballfangen, Hüpfen
- Es hat Probleme beim Balancieren, Hüpfen, Einbeinstand, Rennen...
- Es hat eventuell Angst vor dem Klettern, Rutschen, Rennen und Rückwärtsgehen
- Das Kind zeigt beim Laufen, Ruderbewegungen oder Bewegungsverarmung durch Versteifung

2. Hand

- Es hat kein altersgemäßes Greifmuster mit Opposition von Daumen und Zeigefinger und mit Pinzetten- und Zangengriff.
- Es hat Probleme beim Knöpfen, Binden, Öffnen und Schließen von Reißverschlüssen, Schnallen.
- Es zeigt oft eine ungewöhnliche Stift oder Pinselhaltung.
- Fingerspiele fallen schwer, da die Fingerbeweglichkeit und -untersuchung gering ist.

3. Mund

- Die Beweglichkeit von Lippen, Zunge und gesamter Mundmuskulatur ist herabgesetzt
- Saugen, Pfeifen, Blasen gelingen oft nicht.

4. Augen

- Das Kind kann Punkte nur kurz oder gar nicht fixieren oder im Auge behalten.
- Augensprünge gelingen oft nicht.
- Bewegungen kann es nur schwer mit seinen Augen verfolgen.

5. Bewegungsverhalten

- Das Kind kann nur schwer ruhig liegen, sitzen oder stehen. Es reagiert auf alle Reize mit Bewegungen.
- Es hält sich zurück, traut sich selber nichts zu.

II. Unfreiwillige Mitbewegungen

- Bei motorischen Handlungen zeigt es häufige Mitbewegungen der Zunge, Finger, Hand etc.

III. Muskeltonus

- Das Kind kann Rumpf und Gliedmaßen nicht richtig anspannen oder entspannen.
- Es kann einzelne Körperteile nicht unterschiedlich stark anspannen.
- Das Kind wirkt oft schlaff, ermüdet schnell.
- Die Stifthaltung ist verkrampft oder zu locker.
- Gezeichnete Striche sind oft ausfahrend oder zittrig.

1. Kraftdosierung

- Das Kind zeigt einen unangemessenen Krafteinsatz bei bestimmten Handlungen.
- Es macht leicht etwas kaputt, schießt über ein Ziel hinaus, rennt gegen Hindernisse.

IV. Körperschema

- Beim Malen eines menschlichen Körpers wird eine Körperseite oder bestimmte Körperteile größer und differenzierter, oder werden vergessen.
- Das Kind kann Körperteile ohne visuelle Kontrolle nicht zeigen oder benennen, taktile Reize lokalisieren.
- Das Kind hat Probleme bei der Raumwahrnehmung und der Orientierung im Raum (in Beziehung zu sich selbst und zu seiner Umwelt).

V. Lateralisation

1. Bilateralintegration

- Das Kind bewegt selten beide Arme und Beine koordiniert

2. Körpermittellinie

- Das Kind überkreuzt seine Körpermitte nicht mit den Extremitäten
- Es verändert seine Körperhaltung so, daß seine Augen waagerechte Linien als Senkrechte sehen oder es verändert das Material dementsprechend.

3. Dominanz

- Das Kind wechselt beim Hantieren oft zwischen rechter und linker Körperseite.
- Es zeigt häufig seine eindeutige Bevorzugung einer Körperseite bei Tätigkeiten (gemischte Dominanz)

VI. Wahrnehmung

1. Taktile Wahrnehmung

- Das Kind läßt sich nur ungern anfassen
- Bei Berührung (besonders von hinten), zuckt es zusammen
- Es kann mit seinen Händen nur schwer Dinge diskriminieren
- Es bevorzugt bestimmte Materialien.

2. Kinästhetische Wahrnehmung

- Das Kind kann Bewegungen nicht nachvollziehen oder Posen nachahmen
- Es bewegt sich mit unangemessenen Krafteinsatz

3. Gleichgewichtswahrnehmung

- Es taumelt leicht bei geschlossenen Augen oder fällt aus dem Stand einfach um
- Bei bestimmten motorischen Handlungen zeigt es ausgefahrene oder einschießende Bewegungen und häufig Mitbewegungen an Händen und Zunge.
- Bei Drehbewegungen zeigt das Kind einen unangemessenen Nystagmus und wird schnell oder nicht schwindelig.

4. Auditive Wahrnehmung

- Das Kind kann sich Reihenfolgen und Anweisungen nicht merken.
- Es kann mit geschlossenen Augen im Raum eine Geräuschquelle nur schwer finden.
- Es hat Probleme beim rhythmischen Klatschen.

5. Visuelle Wahrnehmung

- Das Kind kann Formen und Farben nicht aus einer Anordnung herausziehen (Figur-Grund-Wahrnehmung) oder sie nicht auf neue Situationen übertragen (Formkonstanz).

- Es findet sich in Räumen schwer zurecht und findet Wege nicht wieder.
- Muster kann es nicht nachlegen, nachmalen oder nachbauen.
- Richtungsbegriffe fallen ihm schwer.

6. Figur-Grund-Wahrnehmung

- Es kann sich nur schwer auf bedeutsame Reize konzentrieren.
- Es kann ähnliche Reize nicht unterscheiden oder bestimmte Reize gezielt suchen und wahrnehmen, z.B. Farben, Formen suchen und finden; Geräusche und Laute aus Tonquellen heraushören.

VII. „Dyspraxie"

- Es stolpert und fällt oft hin.
- Es kann nicht richtig Treppen steigen.
- Es vermeidet Aufgaben, bei denen es Bewegungen vorausplanen muß.
- Es kann sich oft nicht alleine anziehen und die Schleife binden.
- Es merkt sich Handlungsabfolgen nur schwer.

VIII. Emotionaler Bereich

- Es ist zurückhaltend, ängstlich und übersensibel.
- Es ist oft krank, näßt evtl. noch ein, lutscht am Daumen, braucht unbedingt seine Schmusetiere.
- Es reagiert auf Anforderungen „unangemessen" (z.B. es verweigert, wird aggressiv)

Kategorien des Psycho-Motorischen Verhaltens

Ich-Kompetenz

formuliert/formuliert wenig/nicht seine Bedürfnisse

zeigt/zeigt wenig/einen emotionalen Ausdruck Spaß, Freude, Enttäuschung, Ärger, Wut, Angst

...

erlebt seine eigenen Handlungen und Grenzen.

Aufgaben motivieren es/motivieren es nicht

geht auf gestellte Aufgaben ein, flüchtet vor gestellten Anforderungen, ist belastbar,

ist leistungsbereit, betont leistungsbemüht, extrem leistungsbezogen, ehrgeizig, überehrgeizig

Konzentration: ist konzentriert, aufmerksam, zugewandt, interessiert, unkonzentriert, unaufmerksam, ablenkbar, nicht zu fixieren, ständig wechselnd, uninteressiert,

erkennt das Problem, die Aufgabenstellung,

schätzt die eigenen Fähigkeiten im Hinblick auf die Bewältigung der gestellten Aufgaben gemäß/wenig gemäß ein,

zeigt angemessene Strategien (einzelne Handlungsschritte) bei der Aufgabenbewältigung/wenig angemessen

zeigt Kreativität, Spontaneität, Phantasie bei der Aufgabenbewältigung,

zeigt Ausdauer bei der Aufgabenbewältigung.

Sach-Kompetenz

kann Geschehnisse zeitlich einschätzen/wenig einschätzen,

nutzt den Raum aus/wenig aus, besitzt einen Raumüberblick,

kann Handlungsmöglichkeiten mit und Gefahren von Materialien einschätzen/wenig einschätzen,

reagiert/reagiert nicht auf das Material,

entwickelt Vorliebe für das Material

Sozial-Kompetenz

gibt Anregungen, nimmt Anregungen an, geht auf Anregungen ein

liefert Beiträge zu Gruppenaktivitäten,

hält Gruppen- und Spielregeln ein, nicht ein,

kooperativ – arbeitet mit anderen zusammen, wenig kooperativ – arbeitet allein

bringt anderen Vertrauen entgegen – gibt Verantwortung ab, übernimmt Verantwortung,

Kontaktaufnahme: ist kontaktbereit, nimmt Kontakt auf, ist kontaktscheu – schwer ansprechbar,

ist distanzlos, wechselt ständig die Partner,

nimmt Zuwendung an: Lob, Streicheln etc.

Sozial-Kompetenz

berührt andere, hilft körperlich anderen, setzt sich körperlich mit anderen auseinander,

teilt sich mit, bietet anderen Hilfe an, bittet andere um Hilfe,

nimmt Blickkontakt auf, schaut zu, schaut weg, verfolgt andere.

Motorischer Entwicklungsstand

Name: ....

Anfang .... Ende ....

I. Motorik
- gesamter Körper
- Hand/Fuß
- Mund
- Augen
- Bewegungsverhalten

II. Unfreiwillige Mitbewegungen

III. Muskeltonus
- insgesamt
- Kraftdosierung

IV. Körperschema

V. Lokalisation
- Bilateralintegration
- Körpermittellinie
- Dominanz

VI. Wahrnehmung
- taktile Wahrnehmung
- kinästhetische Wahrnehmung
- Gleichgewichtswahrnehmung
- Reflexe
- auditive Wahrnehmung
- visuelle Wahrnehmung
- Figur-Grund-Wahrnehmung
- Nystagmus

VII. „Dyspraxie"/Bewegungsplanung

Beobachtungs- und Beurteilungsfehler

Beobachtungsfehler

Äußere Gegebenheiten
- Ablenkung durch Lärm, diffuses Licht usw.
- Undeutlichkeit des zu Beobachtenden (Entfernung, Blickwinkel, viel Bewegung)

- Ungünstige Position des Beobachters
- Zeitpunkt der Beobachtungen (später Nachmittag usw.)

Innere Einflüsse
- Mängel in der Funktion der Sinnesorgane
- Erinnerungsvermögen
- Individuelle Disposition (Nahrung, Tageszeit, Ermüdung, Erregung, Schmerzen)
- Konzentrationsfähigkeit
- Einstellungen

Das zu beobachtende Geschehen
- Der erste Eindruck kann dazu führen, im folgenden den Blick auf wesentliche Verhaltensweisen zu verstellen.
- Beobachtungen, die einander widersprechen, werden seltener registriert.
- Negative Verhaltensweisen werden mehr als positive beachtet.
- Durch Unaufmerksamkeit und Ablenkung werden bestimmte Verhaltensweisen übersehen.
- Bestimmten Verhaltensweisen und Merkmalen, denen gegenüber der Beobachter sehr aufgeschlossen ist, können stärker beachtet, überzeichnet werden.
- etc., etc.

Beurteilungsfehler

- Fehler der Nachsichtigkeit
  „Gefälligkeitsgutachten", gute Beurteilungbei bekannten Personen, Vorgesetzten, Personen mit emotionaler Zuwendung.
- Fehler der „zentralen Tendenz".
  Extreme Urteile werden vermieden. Man neigt dazu, in bipolaren Skalen nur den Mittelbereich der Skalen anzukreuzen.
- Halo-Effekt (halo: Hof um Mond, Heiligenschein)
  Von einer sehr positiven/negativen Eigenschaft wird auf andere in gleicher Weise geschlossen.
  Vom Gesamteindruck wird auf Merkmale geschlossen, die mit diesen übereinstimmen. Beurteilungen anderer werden übernommen oder Vorurteile produziert; das vorangegangene Urteil beeinflußt die folgenden; man läßt sich in seinem Urteil leiten von vorgefaßten Meinungen und (oft klischeehaften, negativen) Vorstellungen.
- Implizite Persönlichkeitstheorie des Beurteilers; Logik-Fehler.
  Man nimmt an, daß bestimmte Merkmale zusammengehören, stets zusammen auftreten.

- Ausgeprägte Persönlichkeitsmerkmale des Beurteilers; Einstellungsfehler; Kontrastfehler.

  Einstellungen zu Gruppen, Pedanterie, Aggression; Tendenz des Beurteilers, der zu beurteilenden Person seiner eigenen Wesensart entgegenstehende oder gleichartige Eigenschaften und Merkmale einzuordnen, Projektionen.

Eltern-Fragebogen

Liebe Eltern,

um die Entwicklung Ihres Kindes besser beurteilen und Ihnen/ihm gezielter helfen zu können, brauchen wir Ihre Mithilfe. Bitte beantworten Sie die folgenden Fragen so genau wie möglich. Sicher haben Sie in den zurückliegenden Jahren – von der Geburt – viele Beobachtungen gemacht, die für die Behandlung wichtig sein können.

Sie sollten nur dann „teilweise“ ankreuzen, wenn Sie die entsprechenden Verhaltensweisen Ihres Kindes sehr selten erlebt haben. Die Beantwortung dauert etwa 10 Minuten.

Vielen Dank!

	Ja	teilw.	Nein
I. Haut- und Tastwahrnehmung			
1. Vermeidet Ihr Kind, im Gesicht berührt zu werden?			
2. Wehrt sich Ihr Kind dagegen, wenn Sie beim Anziehen helfen wollen?			
3. Badet Ihr Kind gerne?			
4. Trägt Ihr Kind langärmlige Hemden, auch wenn es warm ist?			
5. Spielt Ihr Kind gern z.B. mit Fingerfarbe, Sand und Matsch?			
6. Läuft Ihr Kind gern barfuß?			
7. Jammert Ihr Kind übermäßig bei geringfügigen Verletzungen?			
8. Wie reagiert Ihr Kind bei Speichelfluß oder verschmiertem Mund?			
a) wischt sich den Mund ab			
b) merkt es nicht			
II. Eigenwahrnehmung des Körpers in Ruhe und Bewegung			
1. Kann Ihr Kind einen Ball werfen und fangen?			
2. Stolpert oder fällt Ihr Kind häufig?			
3. Kann Ihr Kind gut auf schmalen Balken balancieren?			
4. Verwechselt Ihr Kind oft rechts und links?			

Ja *teilw.* *Nein*

5. Stößt Ihr Kind im Zimmer häufig etwas um?
6. Kann sich Ihr Kind gut an fremden Orten orientieren?
7. Ist Ihr Kind sehr geruchsempfindlich?
8. Setzt Ihr Kind häufig mehr Kraft ein, als es unbedingt braucht?
9. Beteiligt sich Ihr Kind gerne an gemeinsamen Spielen?

III. Gleichgewichtsreaktionen

1. Schaukelt Ihr Kind gern?
2. Klettert Ihr Kind gern auf erhöhte Gegenstände? (z.B. Klettergerüst auf dem Spielplatz)
3. Hat Ihr Kind Freude, den Kopf nach unten zu halten (Purzelbaum)?
4. Geht Ihr Kind gern auf den Spielplatz?
5. Fährt es gern Kettcar, Fahrrad oder Roller?
6. Bewegt sich Ihr Kind in unebenem Gelände sehr langsam (Wald)?
7. Hat Ihr Kind Mühe, Treppen oder Geländer hinauf oder hinunter zu steigen?
8. Verliert Ihr Kind beim Drehen um sich selbst schnell das Gleichgewicht?

IV. Planung und Ausführen von Bewegungen in zeitlich-räumlichen Abläufen

1. Spielte Ihr Kind als Kleinkind gerne mit Bausteinen, Legos oder ähnlichem?
2. Baut Ihr Kind z.B. mit Legosteinen nach Anleitung?
3. Puzzelt Ihr Kind gerne?
4. Passieren Ihrem Kind häufig Mißgeschicke, z.B. Umstoßen von Gegenständen?
5. Kann Ihr Kind gut mit der Schere ausschneiden und basteln?
6. Spielt Ihr Kind über längere Zeit immer mit dem gleichen Spielzeug?

4. Das reduktionistische Menschenbild der biologisch-neurophysiologischen SI-Theorie

Die Theorie der „SI“ nach AYRES:

Sensorische Integration (SI) ist die sinnvolle Ordnung und Aufgliederung von Sinnesreizen im Gehirn. Eine Dysfunktion liegt dann vor, wenn es zu Interferenzen, hyper- oder hypofunktionellen (Facilitation/Inhibition) Integrationsabläufen kommt.

Entscheidende Bedeutung im Integrationsprozeß mißt J. AYRES dem vestibulären System zu. Es sorgt nicht nur für unser Gleichgewicht, sondern reguliert den Muskeltonus. Unsere „Beziehung“ zur Gravitation der Erde läßt unser Körperimago entstehen, erfaßt den Rhythmus akustischer Empfindungen und vieles mehr.

Zusammen mit der Formatio reticularis wirkt das vestibuläre System eingliedernd und fördernd auf die Aufnahme und Verarbeitung von perzeptiven Prozessen.

Daneben mißt J. AYRES dem taktilen System (Oberflächenwahrnehmung) und dem propriozeptiven (Kinästhetik) als Wahrnehmung von Tiefenempfindung große Bedeutung bei.

„Sensorische Integration ist der Prozeß des Ordnens und Verarbeitens sinnlicher Eindrücke (sensorischer Input), so daß das Gehirn eine brauchbare Körperreaktion und ebenso sinnvolle Wahrnehmungen, Gefühlsreaktionen und Gedanken erzeugen kann. Diese Sensorische Integration sortiert, ordnet und vereint alle sinnlichen Eindrücke des Individuums zu einer vollständigen und umfassenden Hirnfunktion“ (AYRES 1984, S. 37). Die ständig auf das Kind einströmenden Reize müssen gefiltert, sortiert, integriert und verarbeitet werden.

Aus den Millionen Bits als Einzelinformationen muß ein Ganzes werden.

AYRES weist darauf hin, daß auf jedem Funktionsniveau (den unteren, älteren und den phylogenetisch neueren und differenzierteren) vollständige Integration möglich ist und daß eine Störung auf einer primitiven Funktionsebene (Klein-, Stamm und Zwischenhirn) die Differenzierung der darauf aufbauenden Funktionen beeinträchtigt.

Lernen ist eine Funktion des Gehirns; Lernstörungen können deshalb als Abweichungen innerhalb der Neuralfunktion betrachtet werden.“ (AYRES 1979, S. 1).

Die Definition von „Lernen“ erinnert an PIAGET, ebenso wird die Enge der Bindung an medizinisch-biologische neurophysiologische Erkenntnisse deutlich.

Es ist einerseits sehr zu begrüßen, daß eine neurophysiologische Orientierung stärkere Beachtung im sonderpädagogischen Bereich findet; andererseits vertritt J. AYRES meines Erachtens diese Ebene des menschlichen „Seins“ und „Funktionierens“ zu isoliert und verliert dabei die ganzheitliche Betrachtung aus dem Auge, die dem Sonderpädagogen niemals aus dem Erkenntnis- und Interpretationszusammenhang entschwinden sollte.

„Lernen“ als eine Funktion des Gehirns zu bezeichnen ist sicherlich nicht falsch – aber eben unvollkommen.

„Lernstörungen“ als eine Abweichung dieser neurophysiologischen Vorgänge zu definieren reduziert Menschsein auf neuro-cerebral-elektrische- und biochemische Prozesse.

Eine gut funktionierende Integration aller sensorischen Inputs ist zweifellos von entscheidender Bedeutung für eine gute Entwicklung des Kindes. Aber die Schwierigkeiten eines Kindes, „Freundschaften zu schließen“ (AYRES 1984, S. 13) oder alle möglichen anderen Verhaltensstörungen (AYRES 1984, S. 173 ff) ausschließlich auf eine sensorisch-integrative Dysfunktion zurückführen zu wollen, degradiert die Kinder auf die Stufe reiner Reiz-Reaktions-Marionetten.

Eine dennoch wichtige Schlußfolgerung für die Sonderpädagogik aus diesen medizinisch-biologischen Erkenntnissen ist das basale Training. Oft wird in der Praxis der Fehler gemacht, auf der „höher“ angesiedelten Symptomebene mit der Therapie zu beginnen, statt sich der tiefliegenden Ursache bewußt zu werden und mit einer basalen, grundlegenden Stimulation zu beginnen.

Die sensorische Integrationstherapie nach J. AYRES ist eine Behandlung auf neurophysiologischer Grundlage. Hier werden dem Kind keine Wissensinhalte vermittelt, es werden auch keine Funktionen isoliert oder systematisch trainiert. Stattdessen werden dem Kind Geräte und Materialien angeboten, die den sensorischen Input verbessern, so daß eine Integration der sensorischen Information gewährleistet ist. Statt sich an Symptomen zu orientieren werden die basalen sensomotorischen Fähigkeiten unterstützt und stabilisiert. Das Kind soll anhand verschiedener Geräte und Tätigkeiten seine eigenen Bewegungen anpassen und steuern lernen. Der Therapeut lenkt die Aktivitäten des Kindes nur indirekt, indem er die nötigen Geräte und Materialien zur Verfügung stellt, die dem Kind die nötigen Reize vermitteln, die es zur Integration benötigt.

Das Kind soll nach Möglichkeit selbständig handeln, über das aktive Ausprobieren soll es seine sensomotorischen Möglichkeiten erfahren. Dabei ist, wie bei einer medikamentösen Therapie, die sorgfältige Dosierung der sensorischen Reize von zentraler Bedeutung.

Die taktil-kinästhetischen und vestibulären Reize sind sehr wirksam und eine Überstimulation kann zu unerwünschten Nebenwirkungen führen, während bei einer Unterdosierung die angestrebte Wirkung ausbleibt.

„Im Vordergrund der SI-Therapie stehen der Input und die Differenzierung der Körpersinne: Tastsinn, Tiefensensibilität und Gleichgewichtssinn.

Diese drei Sinnessysteme spielen für die Entwicklung der Körper- und Raumwahrnehmung, für die sensomotorische Entwicklung eine grundlegende Rolle. Die visuellen und auditiven Informationen ergänzen diese Erfahrungen, ermöglichen die Planung (Praxie) des Handelns. „Für den ungeschulten Beobachter wirkt die SI-Therapie wie eine fröhliche Spielstunde. Das Kind schaukelt, fährt mit dem Rollbrett, es klettert, baut aus Geräten eine „Burg", bewältigt einen Hindernisparcour usw." (AUGUSTIN 1986, S. 348).

SI ist ein Konzept, das Menschsein auf Reiz-Reaktions-Schemata reduziert, und dennoch bietet das Konzept Möglichkeiten, sich Phänomenen im Bereich von „Abweichungen" zu nähern, wie eben dem Phänomen Autismus.

Nach dem Überblick (siehe Abb. 34 und Band II (HSB)) über die Geschichte der Leib-Seele-Problematik ist der SI-Ansatz zuzuordnen, und zwar der Identitätstheorie, die da meint, daß Geist eine *Funktion* des Gehirns ist und damit psychische bzw. geistige Prozesse sowie Bewußtseinszustände *Zustände* von Neuronen, Neuronenkomplexen und des zentralen Nervensystems *sind* – auf derartige Vorgänge *reduzierbare* Zustände.

Geist bzw. Bewußtsein taucht als expliziter Begriff nicht auf, psychische Erlebens- und Verhaltensweisen werden als Resultat sensorischer Verarbeitungsprozesse interpretiert.

SI ist demzufolge eine monistische Theorie.

Es gibt nicht zwei (oder mehr) Substanzen, z.B. Geist/Seele; Leib/Seele; Materie/Geist, sondern nur eine: Materie = Gehirn. (Siehe Abb. 34, S. 138)

Gerhard VOLLMER (1986; 1987) stellt als Vertreter der „Evolutionären Erkenntnistheorie" die Hauptfrage an die monistische Identitätstheorie: „Was ist die strukturelle Besonderheit jener neuronalen Strukturen und Prozesse, die mit psychischen (und geistigen, Anm. d. Autorin) Erlebnis-

Psychoneuraler *Dualismus* (*zwei* Substanzen)	Uhrengleichnis	Psychoneuraler *Monismus* (*eine* Substanz)
D1 *Parallelismus* Gehirn und Geist sind voneinander unabhängig, aber synchron. Wie kommt die Übereinstimmung zustande? a) *Autonomismus* Sie ist zufällig. (Keine Vertreter) b) *Occasionalismus* Sie wird laufend durch *Gott* überwacht und hergestellt. (Geulincx, Malebranche) c) *Prästabilierte Harmonie* Sie wurde bei der Schöpfung durch *Gott* für alle Zeiten festgelegt („einprogrammiert"). (Leibniz)	a) 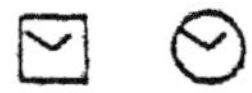 b) 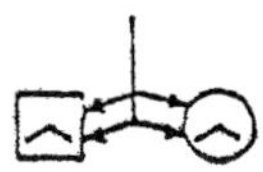 c) 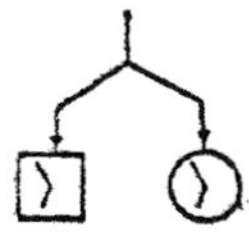	M1 *Neutraler Monismus* Geist und Materie sind nur verschiedene Aspekte einer einzigen (unbekannten) Substanz. (Heraklit: Logos; Spinoza: Gott-Natur; Schelling: das Absolute; Ostwald: Energie; Russell: Sensibilia) M2 *Spiritualismus* Alles ist *Geist*. Materie unabhängig vom Geist gibt es nicht. (Berkeley, Fichte, Hegel, Schopenhauer, Mach, Whitehead) M3 *Strikter Materialismus* Alles ist *Materie*. Geist gibt es nicht. (Hobbes, LaMetrie, Holbach, Vogt, Moleschott) M4 *Behaviorismus* (eliminativer Materialismus) „Geist" ist eine bestenfalls abkürzende, meist aber irreführende Vokabel für bestimmte Verhaltensdispositionen. Mit fortschreitendem Kenntnisstand werden mentalistische Termini durch neurophysiologische ersetzt. (Watson, Skinner; Ryle, Feyerabend, Rorty)
D2 *Dualistischer Epiphänomenalismus* Gehirn steuert Geist ohne Rückwirkung	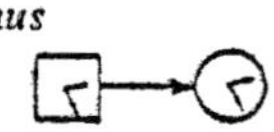	M5 *Monistischer Epiphänomenalismus* Geist ist nur eine Begleiterscheinung (Epiphänomen, Abbild, Symptom, Schatten, „Absonderung"), aber nie Ursache neuraler Vorgänge. (Epikur, Lukrez, E. v. Hartmann, Nietzsche, L. Büchner, Th. Huxley)
D3 *Animismus* Geist belebt alle Materie (steuert auch das Gehirn). (Platon, Plotin, Augustinus)	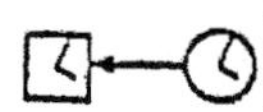	M6 *Hylemorphismus* Materie und Geist verhalten sich zueinander wie Substanz und Form (anima forma corporis), bilden also eine nur begrifflich (oder allenfalls im Tode) auflösbare Einheit. (Aristoteles, Thomas v. Aquin, Neu-Thomismus)
D4 *Interaktionismus* Gehirn und Geist stehen in aktiver Wechselwirkung. (Descartes; Penfield, Popper, Eccles; v. Ditfurth)	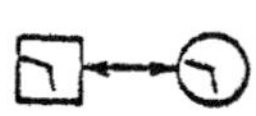	M7 *Identitätstheorie* Geist ist eine *Funktion* des Gehirns, die erst auf einer gewissen Organisationshöhe (vor allem des Zentralnervensystems) auftritt. Seelische, geistige, Bewußtseinszustände *sind* Zustände von Neuronen, Neuronenkomplexen und des ZNS. (Vertreter in 7c).

Abb. 34: aus: Vollmer, Was können wir wissen? Band 2, [2]1988

sen verbunden sind?... In dieser Frage kristallisiert sich das Leib-Seele-Problem für den Monisten."

Was spricht gegen die monistische Identitätstheorie?

Eine monistische Theorie muß immer das Zustandekommen des anderen Aspektes – in diesem Falle des Geistes – erklären.

„Die psychischen Vorgänge und Erlebnisse sind zwar subjektiv aber für jedes einzelne Subjekt doch unleugbar und primär gegeben. Alle anderen (objektiven) Strukturen werden indirekt erschlossen, sogar nur vermutet. Insofern ist es jedenfalls viel leichter, die Existenz oder den Vorrang der Materie zu bezweifeln (wie der Spiritualismus), als umgekehrt eine bewußtseinsunabhängige *Materie* anzuerkennen, die Existenz des Bewußtseins zu bestreiten (wie der strenge Materialismus).

So ist auch der Standpunkt des Solipsisten, der die Realität der gesamten Außenwelt (einschließlich des eigenen Körpers) in Frage stellt und nur die Existenz seines eigenen Bewußtseins anerkennt, weder logisch noch empirisch widerlegbar" (VOLLMER 1986).

Wie kann also durch neurophysiologische Vorgänge, Geist bzw. psychisches Erleben entstehen?

Ist das Entstehen von Geist im Moment noch nicht zu erklären, da die Hirnforschung noch am Anfang ihrer Entwicklung steht, oder wird der monistische Ansatz nie in der Lage sein, dieses zu erklären, da er einfach „falsch" – nämlich einseitig und nicht dualistisch – angelegt ist?

Oder ist der monistische Ansatz doch „richtig", nur ist nicht (Hirn-) Materie der Grundbaustein – oder „Weltknoten" um mit SCHOPENHAUER zu sprechen – sondern der Geist?

Nach v. DITFURTH hat die Evolution „allein deshalb zur Entstehung unseres Gehirns und damit auch unseres Bewußtseins führen können, weil das Geistige in dieser Entwicklung von allem Anfang präsent und wirksam gewesen ist" (v. DITFURTH 1984).

Zum Schluß dieses Kapitels möchte ich Max PLANCK zu Wort kommen lassen:

„Meine Herren (wo bleiben die Damen, Herr Planck? Anm. d. Autorin), als Physiker, also als Mann, der sein ganzes Leben der nüchternsten Wissenschaft, der Erforschung der Materie, diente, bin ich sicher von dem Verdacht frei, für einen Schwärmgeist gehalten zu werden. Und so sage ich Ihnen nach meinen Erforschungen des Atoms dieses: Es gibt keine Materie an sich! Alle Materie entsteht und besteht durch die Kraft, welche die

Atomteilchen in Schwingung bringt und sie zum winzigsten Sonnensystem des Atoms zusammenhält ..., so müssen wir hinter dieser Kraft einen bewußten, intelligenten Geist annehmen. Dieser Geist ist der Urgrund aller Materie. Nicht die sichtbare, aber vergängliche Materie ist das Reale, Wahre, Wirkliche, sondern der unsichtbare, unsterbliche Geist ist das Wahre!"

5. Das neue Paradigma der Wahrnehmung oder die Renaissance des Bewußtseins

„Wahrheit ist nicht das Beweisbare. Wahrheit ist das Unausweichliche."

St. Exupéry

*„**Was** wir wissen, gilt im allgemeinen für das Ergebnis unserer Erforschung der Wirklichkeit... **Wie** wir wissen, ist ein bereits viel schwierigeres Problem. Um es zu erfahren, muß der Verstand aus sich heraustreten und sich selbst sozusagen bei der Arbeit beobachten. Hier haben wir es also nicht mehr mit scheinbaren Tatsachen zu tun, die unabhängig von uns in der Außenwelt bestehen..."*

P. Watzlawick

Wahrnehmung, Wahrnehmungsentwicklung, Wahrnehmungsstörungen sind ein für die Pädagogik, Psychologie, Medizin und Therapie hochaktuelles und bisantes Thema und die Bücher bzw. Aufsätze zu diesem Thema nehmen stetig zu.

Auf der Basis der Arbeiten von AYRES, AFFOLTER und FROSTIG etc. werden die Sinnesorgane, die cerebrale Verarbeitung und die motorischen Reaktionen – also die letztlich nur willkürlich zu trennende Perzeption und Apperzeption – in ihrer Entwicklung und Störungs-Symptomatik dargestellt und senso-motorische bzw. sensorisch integrierende Übungen entwickelt.

Das Wissen um sensorische Prozesse als anatomisch-physiologisches Wissen ist unumgänglich und Basis für weitere psychologisch-pädagogisch-philosophische Überlegungen (die leider in der affirmativ schulmedizinischen Literatur fehlen), die dann die entscheidenden Bewußtseinsprozesse auslösen (können).

Wir alle sind uns der Begrenztheit des (schul-)medizinisch-anatomisch-physiologischen Ansatzes bewußt und nur durch die Überwindung der Mikro-Detail-Ebene kann sich unser Bewußtsein von dem mechanistischen Menschenbild der funktionierenden oder dys-funktionalen Maschine lösen. Die in der genetisch – (hier als Entwicklung verstanden), funktionalen Literatur „ganzheitlich" genannten Einsprengsel sind oftmals – sicherlich gutgemeinte – Platitüden.

Wie Ilse JUNKER-LEFEVRE in ihrem Leserbrief in Heft 2, 1991, S. 235 der Zeitschrift *praxis ergotherapie* so treffend bemerkte: „Solange Sie Ihren Blick ausschließlich aufs **'Tun'** richten, werden Sie selbst keine Bewußtseinsveränderung erfahren und werden dies auch nicht den Patienten rüberbringen können. Doch nur dort liegt der Schlüssel der Heilung. Um zu begreifen, was Heilung eigentlich bedeutet, muß man sich erst beschäftigen mit den verschiedenen Weltreligionen/Kulturen...".

Solange wir die – sehr wichtige – Basis-Ebene des anatomisch-neurophysiologischen Wissens nicht verlassen und uns zumindest versuchsweise zur Meta-Ebene aufschwingen, werden wir bei der reduktionistisch-biologistisch-mechanistischen Betrachtungsweise der Wahrnehmung bleiben, die aus einer Addition – und letztlich mysteriös im Dunkeln bleibenden Integration – verhaftet bleibt.

Das Bewußtsein und der Sinn der Sinne

Wenn wir uns die Wissenschaftsgeschichte betrachten, war die „kopernikanische Wende" (ca. 1543) mit ihrem Wechsel von der geozentrischen zur heliozentrischen Betrachtungsweise ein Paradigmawechsel, der das Bewußtsein des Menschen grundlegend verändern sollte und den Beginn der empirisch-analytisch-quantitativen Wissenschaft mit einleitete.

Auf den ersten Blick schien die Vorstellung, daß die Erde sich um die Sonne dreht, absurd; heute ist sie uns vertraut und wir wissen, daß wir unseren Sinnen diesbezüglich nicht „trauen" können; für unsere Augen und unsere Sprache geht die Sonne nach wie vor „auf".

Die reduktionistisch-cartesianische Betrachtungsweise – und Betrachtungsweisen spiegeln das Bewußtsein – brachte große wissenschaftliche Fortschritte.

Hinsichtlich der Erforschung der Wahrnehmung, also unserer Sinne und Sinnesverarbeitung, brachte sie grundlegende anatomisch-neurophysiologische Erkenntnisse.

Die Wahrnehmungspsychologie interpretiert diese Daten im Sinne einer selektiv-psychisch/funktionalen oder evt. sogar finalen Betrachtungsweise.

Doch jetzt ist wiederum ein Paradigmawechsel im Gange: Die Neue Physik, die Neue Biologie, die Neue Psychologie etc. haben sie mit der Relativitätstheorie, der Quantenmechanik, der Kybernetik, dem Konstruktivismus und der Chaos-Theorie eingeleitet. Die wichtigsten Vertreter des Paradigmawechsels heißen Einstein, Bohr, Schrödinger, Heisenberg, Maturana, Varela, Prigogine, Sheldrake, Watzlawick, Capra u. v. a. m.

Im Mittelpunkt der Betrachtungsweise steht nicht mehr das **Was** der Wahrnehmung, sondern das **Wie**.

„Wie MATURANA und VARELA schreiben, entdecken wir die Wirklichkeit nur durch unsere internen Konstruktionen im Kopf. Es gibt keine Wirklichkeit, die souverän auf uns zukommt und die wir rechtzeitig bemerken würden, es sei denn, wir konstruieren sie frühzeitig im Kopf. Wir entdecken nur das, was wir im Kopf vorab entwickelt haben." (GERKEN, 1991, S. 223)

Die Theorien von Wirklichkeit – z.B. Wahrnehmungsstörungen – determinieren/konstruieren/erzeugen danach beispielsweise unsere Diagnostik von Wahrnehmungsstörungen.

Und MATURANA und VARELA schreiben in ihrem bahnbrechenden Werk „Der Baum der Erkenntnis":

„Wir neigen dazu, in einer Welt von Gewißheit, von unbestreitbarer Stichhaltigkeit der Wahrnehmung zu leben, in der unsere Überzeugungen beweisen, daß die Dinge so sind, wie wir sie sehen. Was uns gewiß erscheint, kann keine Alternative haben. In unserem Alltag, unter unseren kulturellen Bedingungen ist dies die übliche Art, Mensch zu sein."

Nach MATURANA/VARELA/WATZLAWICK und anderen Vertretern der wissenschaftlichen Avantgarde gibt es in unserer (Wissenschafts-)Kultur eine Art Tabu:

„Es ist verboten, das Erkennen zu erkennen" – also das **Wie** der Wahrnehmung und der Erkenntnisprozesse zu erforschen, da es zu stark verunsichert, weil damit eine grundlegende Erschütterung der Wahrnehmung von Realität/Wirklichkeit einhergeht.

Wie funktioniert Wahrnehmung? In-Put = Out-Put-mäßig? Objektiv = subjektiv?

Physiologische Untersuchungen lassen das zentrale Problem der Wahrnehmung unberührt. Egal, wie tief wir in die neuro-physiologischen Geheimnisse der Perzeption/Apperzeption eindringen, am Ende müssen wir den „inneren Beobachter, den bewußten Lenker" fordern, der das Gesehene, Gefühlte, Gehörte, Geschmeckte, Gerochene und die Gravitations-Zeit/Raum-Eindrücke in etwas Wahrgenommenes verwandelt – in etwas subjektiv **Sinnvolles**.

„Das Gehirn ist chemisch und physikalisch von den Gerüchen, Geräuschen,Temperaturen, Farben, vom Geschmeck und von der Beschaffenheit der Dinge, die außerhalb des Schädels existieren, völlig isoliert. Nicht ein einziges Zuckermolekül der Praline in unserem Mund gelangt von den Geschmackspapillen in die Hirnrinde – und dennoch nehmen wir die Süßigkeit des Zuckers deutlich wahr...Untersuchungen zur Struktur ergründen das Geheimnis der Sinnesempfindungen nicht, sondern vertiefen es...Mit Ausnahme von Nervenimpulsen geht nichts von den

Sinnesorganen in das Gehirn über. Wenn wir uns auf das Format einer Nervenzelle verkleinern könnten, was würden wir dann im Gehirn sehen? Ein Fremdenführer würden uns dann auf die verwickelten chemischen Veränderungen an den Synapsen aufmerksam machen. Sie ermöglichen die Übertragung eines Nervenimpulses von einem Neuron auf das andere. Wir könnten den Transport von Elektronen, Wechselwirkungen zwischen Ionen und die hektische chemische Aktivität von Enzymen in jeder Zelle sehen. Doch nirgendwo könnten wir den Burgunderwein sehen oder schmecken, den der Besitzer des Gehirns gerade trinkt, selbst wenn uns der Führer auf eine bestimmte Reihe elektrischer Impulse hinwiese, die mit diesen Empfindungen in Zusammenhang stehen... Auf jeder Ebene begegnen wir nur den physikalischen Korrelaten von Empfindungen und Emotionen, niemals den Erfahrungen selbst...". Aus diesen Gründen erklärt der Neurologe Sir John ECCLES: „Bewußte Empfindungen...unterscheiden sich in ihrer Art sehr von allen anderen Vorgängen im Neuronennetzwerk; dennoch stellen die Ereignisse im Neuronennetzwerk eine notwendige, aber noch keine hinreichende Vorbedingung für die Empfindung dar." Auf keiner Ebene gelingt es der Physik oder der Chemie, die Sinneswahrnehmung oder die Emotion zu erklären." (AUGROS/STANCIU, 1988, S. 68ff) Der Hauptunterschied besteht – wie bei der kopernikanischen Wende – in der zugrunde liegenden Sicht der Realität.

Jede uns bekannte Gesellschaft und damit ihre Wissenschaft ruht auf einer Reihe von meistens stillschweigend akzeptierten Grundannahmen darüber, wer wir sind , in welcher Art von Universum (Kosmos=Ordnung) wir leben, was wir sind und was der **Sinn** unseres Lebens ist.

Die **Sinne** vermitteln nicht den **Sinn** unseres Lebens – das ist „Sache" des Bewußtseins (und dem/der Bewußtsein/Geist/Psyche sind Sinneseindrükke wichtig, aber nur zur weiteren geistigen Verarbeitung).

Der von Thomas KUHN geprägte Begriff des „Paradigmawechsels" bezieht sich auf das Hautparadigma der Gesellschaft, auf der die grundlegende Art der Wahrnehmung, des Denkens, des Wertens und Tuns beziehungsweise die Konstruktion von Wirklichkeit, Realität beruht.

Von den Sinnesrezeptoren gelangen nur elektrisch-bio-chemische Impulse in unser Gehirn. Wie die Realität ist, wissen wir nicht, wir wissen nur, was unser Gehirn uns als Realität erscheinen läßt und jede rein anatomisch-neurophysiologisch-reduktionistisch-mechanistische Betrachtungsweise erzeugt das Bild eines „naiven Realismus".

Wir glauben, was wir sehen; dabei sehen wir – nach Ansicht führender Wissenschaftler – was wir glauben.

Der Konstruktivismus geht sogar soweit, von dem Gehirn als „Ohne-In-Put-System“ zu sprechen, was unsere grundlegende Sichtweise des In-Puts und dessen Weiterleitung über afferente Bahnen und deren Out-put über efferente Bahnen einer so tiefgreifenden Revision unterziehen würde, daß wir diese Erkenntnisse von MATURANA, VARELA und von FOERSTER am liebsten – zumindest auf den ersten Blick – ignorieren würden.

Aber auch ohne diese radikale Sichtweise der Konstruktivisten sind die Erkenntnisse der *Neuen Wissenschaften* verwirrend genug.

So wie sich die kopernikanische Wende in dem sicher stark vereinfachten Satz „Die Erde dreht sich um die Sonne“ zusammenfassen läßt, so läßt sich die neue Wende unter „Renaissance des Bewußtseins“ oder „Bewußtsein als kausale Realität“ resümieren.

Sobald wir jedoch „innere bewußte Wahrnehmung als kausale Realität“ (von uns „erschaffene Realität“) akzeptieren, läßt uns das sofort an FREUDs beharrliche Behauptung denken, daß unbewußte Prozesse in bezug auf unser Verhalten ebenfalls kausal wirken. Unser un-bewußtes Bewußtsein scheint Realität zumindest stark zu determinieren, wenn nicht sogar zu „erzeugen“.

> Das innere Bewußtsein erzeugt als Wirkung Realität.
>
> Die Realität ist nicht einfach unabhängig von uns da draußen.

Natürlich ist unsere erste Reaktion auf die neuen wissenschaftlichen Erkenntnisse **Abwehr**.

Die aus der Psychoanalyse bekannten Phänomene der Ablehnung und des Widerstandes illustrieren, wie gründlich wir bei Dingen wegschauen, die bedrohlich sind und nichts ist bedrohlicher und gleichzeitig faszinierender als ein grundlegender Bewußtseinswandel.

Wir nehmen das wahr, was wir erwarten, was uns durch Eltern, Lehrer, Dozenten etc. wahrzunehmen suggeriert/angeraten wurde.

Die Zeiten des „naiven Realismus“ – die Sinne geben uns zumindest einen kleinen Einblick in das, was wirklich ist/in die Realität also – sind vorbei.

Nehmen wir Abschied von dem Bild, daß die Sinne unabhängige Realität wiedergeben; sie tun es ebensowenig, wie die Sonne sich um die Erde dreht.

Unser Bewußtsein erzeugt (nach Ansicht führender Wissenschaftler) Sinneseindrücke. Unsere **Sinne** funktionieren nicht wie eine Maschine, sondern erfüllen den **Sinn** des Bewußtseins.

Da die westliche Wissenschaft das „beste" je erdachte Wissenssystem zu sein scheint, scheint es uns vernünftig, unsere Werte als „normal", unsere Vorlieben als „natürlich" und die von uns wahrgenommene und gemessene Welt als „real" anzusehen.

Da unser Bewußtsein unsere Wahrnehmung determiniert/erzeugt, ist unsere Sinneswahrnehmung mit (Bewußtseins-)**Sinn** erfüllt, der dem Bewußtsein nicht unbedingt be-wußt sein muß, sondern auch tief im sogenannten Un-bewußten schlummern kann.

Roger SPERRY, der den Nobelpreis für seine bahnbrechenden Untersuchungen an split-brain-Patienten bekam, schrieb in seiner paradigmatischen Arbeit aus Anlaß der Zuerkennung des Nobelpreises in seinem Aufsatz *Changing Priorities* (Verschiebung der Prioritäten):

„Glaubenssätze, die den eigentlichen Sinn und Zweck des Lebens betreffen, wie damit verbunden eine bestimmte Weltsicht, die die Auffassung von Gut und Böse formt, sind direkt – oder implizit – entscheidend von der Vorstellung vom bewußten Selbst und der Beziehung zwischen Geist und Gehirn abhängig, wie von der Art von Lebenszielen und der kosmischen Sicht, die diese ermöglichen. Direkt oder indirekt beruhen soziale Werte darauf...ob davon ausgegangen wird, daß das Bewußtsein sterblich, unsterblich, reinkarnierbar oder kosmisch ist...lokalisiert und mit dem Gehirn verknüpft oder seinem Wesen nach universal..."(HARMAN)

Über die Basis-reduktionistischen-Erkenntnisse muß jetzt verstärkt die psychologisch-pädagogisch-philosophische Meta-Ebene entwickelt werden, da ein Verhaften auf der erstgenannten Ebene zur Scheuklappenwahrnehmung, zum Maschinen-Menschen-Bild und zur Fach-Idiotie führt.

Vom Sinn der Sinne

Wir können heute nicht mehr ausschließlich die Entwicklung der Wahrnehmung hinsichtlich der sieben Sinne, ihrer phylo-und onto-genetischen Entwicklung, ihres neurophysiologischen Funktionierens oder ihrer neurophysiologischen Dys-Funktion betrachten; unser Bewußtsein mußt die **Sinn**-Ebene als Meta-Ebene mit betrachten.

Auch der Transfer auf psychische Bereiche ist nicht weitreichend genug. Die holistische Meta-Ebene setzt beim **Sinn** und Zweck der **Sinne** an.

Das **Wie** wird wichtiger als das **Was**, ohne das Wissen um das **Was** abzuschaffen oder abzuqualifizieren; mechanisch-reduktionistische Erkenntnisse müssen den richtigen Platz im Erklärungsspektrum erhalten. Sie reichen nicht aus zur Gnosis holistisch-metaphysischer Erkenntnisse, die allerdings die kognitiv-analytische Herangehensweise zu überschreiten scheinen.

Der Schritt von der mechanisch-quantitativen zur holistisch-qualitativen Betrachtungsweise liegt in der Luft und beinhaltet ein Überschreiten der Grenze zwischen Natur- und **Geistes**wissenschaft.

Jeder perzeptiv-apperzeptive Akt ist ein Akt des Erschaffens und des Erkennens von „**Realität**".

Das Wissen um die Funktion der Kalziumcarbonatkristalle im Labyrinth ist ein Basis-Mosaik-Steinchen auf dem Weg zur meta-physischen Be-wußt-Werdung.

Der Gleichgewichts-Sinn funktioniert bei einem menschlichen Organismus so, wie es uns die Physiologie erklärt, weil die Phylogenese und die Ontogenese Calziumkarbonatkristalle auf der materiellen Ebene hervorgebracht haben.

Die Funktion der Sinne ist nach Erkenntnissen der Neuen Biologie, der Neuen Physik, der Neuen Psychologie etc. Ausdruck dahinterliegender geistiger Prozesse.

Wir sind keine Computer, Maschinen, Roboter o. ä., sondern lebende Organismen mit dem Ziel der Negentropie.

„Den Entwicklungsschritt...kann man nur dann verstehen, wenn man sich klarmacht, daß das Gehirn das **Werkzeug** des Denkens ist und nicht seine Ursache. Nicht unser Gehirn hat das Denken „erfunden", eher ist es umgekehrt. So, wie auch Beine nicht das Gehen erfunden haben und Augen nicht das Licht...Die funktionell – und in ihrem Alter – so außerordentlich voneinander verschiedenen drei Hauptabschnitte unseres Gehirns spiegeln daher zwar bis auf den heutigen Tag die drei wichtigsten Schritte wider, mit deren Hilfe die Evolution von der biologischen zur psychischen Ebene emporstieg. Sie sind aber das Ergebnis dieser Entwicklung und nicht etwa ihre Ursache." (DITFURTH,1984, S. 15)

Unser kognitives Fakten-Wissen ist wichtig; die eigentlich heilenden Impulse kommen aus tieferliegenden Bewußtseinsschichten. Das eigentlich Heilende ist nicht die sensorisch-motorische Übung als mechanistischer Handlungsablauf, sondern die impliziten Bewußtseinsvorgänge, die im Therapieprozeß auf inter-kommunikativ-dialogischer Ebene liegen, die keineswegs verbal sein müssen.

Die **Sinne** vermitteln uns **Sinn** und sind daher mehr als neurophysiologisch-mechanische Vorgänge.

Für Therapeuten heißt die Devise der Zukunft, daß das Studieren der Anatomie und Physiologie-Bücher nicht ausreicht, um **Wahrnehmungsstörungen** zu verstehen und adäquat therapeutisch zu agieren; es ist leider unumgänglich, daß neben der Fachliteratur im engeren **Sinne** bewußtseinsverändernde Literatur aus den Bereichen der Neuen Physik (TALBOT, DAVIES, CAPRA), der Neuen Psychoanalyse (CIOMPI), der Neuen Psychologie (WATZLAWICK, WILBER, MASLOW, GROF), der Neuen Biologie (MATURANA, VARELA, SHELDRAKE) durchgearbeitet werden muß, da sonst die Basis-Ebene der Visuell-/Auditiv-/Kinästhetisch-/Gustatorsich-/Olfaktorisch-/Taktil-/Vestibulären (ihrer Anatomie, Physiologie) nicht verlassen werden kann.

Diese perzeptiv-apperzeptiven Prozesse laufen nicht maschinell – das ihnen Zugrundeliegende ist **Bewußtsein/Geist**.

Die **Sinne**swahrnehmungen sind Ausdruck des **Bewußtseins** – nach den neuen Theorien, und Theorien sind nach EINSTEIN „freie Schöpfungen des menschlichen Geistes“, ebenso wie die Sinneswahrnehmungen für die Konstruktivisten.

Heißt es wirklich Abschied nehmen von der ach so lieben, internalisierten und geliebten Formel, daß unsere Sinne einen Teil der unabhängig vom Individuum draußen real vorhandenen Wirklichkeit aufnehmen und verarbeiten?

Es deutet vieles darauf hin.

Betrachten wir es als Herausforderung, schließlich spricht die Neue Physik schon seit Jahrzehnten von dem Teilnehmer (und nicht Beobachter) der Realität.

„Was wir wissen, ist wie ein Tropfen; was wir nicht wissen, ist wie ein Ozean.“

Newton

„Du selber machst die Zeit, das Uhrwerk sind die Sinne; hemmst Du die Unruh nur, so ist die Zeit von hinnen.“

Angelus Silesius

6. Literaturverzeichnis

AFFOLTER, F.: Wahrnehmungsprozesse, deren Störung und Auswirkung auf die Schulleistung, insbesondere Lesen und Schreiben. In: Z. Kinder- Jugendpsychiat. Band 3, Heft 2 1975

AFFOLTER, F.: Wahrnehmung, Wirklichkeit und Sprache. Villingen-Schwenningen 1987

ALBRECHT, P.: Diagnose und Therapie von Wahrnehmungsstörungen nach Jean Ayres. Dortmund 1980

ALTENTHAN, S.: Psychologie, Köln 1991

AUGROS, R./ STANCIU, G.: Die neue Biologie. Bern 1988

AUGUSTIN, A.: Beschäftigungstherapie bei Wahrnehmungsstörungen, Idstein 1989

AUSTEDA, F.: Wörterbuch der Philosophie. Berlin 1978

AYRES, J.: Lernstörungen. Berlin, Heidelberg, New York 1979

AYRES, J.: Bausteine der kindlichen Entwicklung. Springer Verlag Berlin, Heidelberg, New York, Tokyo 1984

BAUER, A.: Minimale cerebrale Dysfunktion und/oder Hyperaktivität im Kindesalter. Berlin, Heidelberg, New York 1986

BIRBAUMER/SCHMIDT: Biologische Psychologie, Berlin 1990

BRAND, I./ BREITENBACH, E./ MAISEL, V.: Integrationsstörungen. Verlag Maria-Stern-Schule, Würzburg 1988

BRIGGS/PEAT: Die Entdeckung des Chaos, München 1990

CAPRA, F.: Wendezeit. München 1984

CIOMPI, L.: Affektlogik, Stuttgart 1989

COLEMAN, G.: Autismus. In: Zeitschrift des Bundesverbandes, Heft 26, 1988

DAVIES, P.: Gott und die moderne Physik. München 1986

DAVIES, P.: Die Urkraft. Hamburg 1987

DELACATO, C.: Der unheimliche Fremdling, Freiburg 1974

DITFURTH, H. v.: Der Geist fiel nicht vom Himmel. Hamburg 1984

DORDEL, S.: Bewegungsförderung in der Schule, Dortmund ^{2}1991

DZIKOWSKI/VOGEL: Störungen der sensorischen Integration bei autistischen Kindern, Weinheim 1988

EGGERT, D.: Hannover-Wechsler-Intelligenztest für das Vorschulalter, Handbuch und Testanweisung. Berlin 1983

EINSTEIN, A.: In KAHAN, G.: Einsteins Relativitätstheorie. Köln 1987

FALLER, A.: Der Körper des Menschen. Stuttgart 1976, 7. Aufl.

FELDENKRAIS, M.: Bewußtheit durch Bewegung. Frankfurt 1968

FEUSER, G.: Grundlagen zur Pädagogik autistischer Kinder, Basel 1979

FIEDLER/STANDOP: Stottern. München 1978, 4. Aufl.

FLEHMIG, I.: Normale Entwicklung des Säuglings und ihre Abweichungen. Stuttgart 1988

FLEHMIG, I: Sensorische Integration bei autistischen Verhaltensweisen. In.: Beschäftigungstherapie und Rehabilitation, Heft 2, 1985

FRITZ, A.: Ein Förderprogramm für Kinder mit einer minimalen cerebralen Dysfunktion. In: Motorik 2, 1987

FROSTIG, M./Müller, A.: Wahrnehmungstraining, Dortmund 1972

GEO-Wissen: Gehirn – Gefühl – Gedanken, 1987

GRÜSSER, O. J.: Zeit und Gehirn, In: Die Zeit, München 1989

HAMPDEN-TURNER, C.: Modelle des Menschen. Weinheim und Basel 1986

HARBAUER, H.: Diagnose und Behandlung der leichten frühkindlichen Hirnschädigung. In: Dtsch. Ärztebl. 71, 1974

HENSLE, G.: Einführung in die Arbeit mit Behinderten, 1986

HEUER/BRÜGGEBORS: Autismus und Sensorische Integration, Hannover 1988

HOLLE, B.: Die motorische und perzeptuelle Entwicklung des Kindes. München 1988

HOOPER, J./TERESI, D.: Das Drei-Pfund-Universum. Düsseldorf 1988

HUTCHISON, M.: Megabrain. Basel 1989

IRMISCHER, T.: Bewegungsbeobachtung. In: Clauss, A.: Förderung entwicklungsgefährdeter und behinderter Heranwachsender. perimed Verlag, Erlangen 1981

JATZKEWITZ, H.: Neurochemie. Stuttgart 1978

JUNGMANN, J.: Prä-, peri- und postnatale Risikofaktoren und neurofunktionale Entwicklungsstörungen. In: Z. Kinder- Jugendpsychiat., 11, 1983

KAHLE, W./ LEONHARDT, H./PLATZER, W.: dtv-Atlas der Anatomie. Band 3. Stuttgart 1976

KALBE, U.: Welche Rolle spielen genetische Faktoren bei der Entstehung minimaler cerebraler Bewegungsstörungen? In: Öff. Gesundh.-Wes. 46, 1984

KEPHART, N.C.: Das lernbehinderte Kind im Unterricht. München 1977

KESPER, G.: Motopädagogik, In. Der Motopäde, II, 1988

KIPHARD, E. J.: Mototherapie – Teil II. Dortmund 1990[3]

KIPHARD, E. J.: Motopädagogik. Dortmund 1990[4]

KÜKELHAUS, H.: Fassen-Fühlen-Bilden, Köln 1975

KÜKELHAUS, H.: Organ und Bewußtsein, Köln 1977

LEMPP, R.: Psychopathologie der leichten Hirnfunktionsstörung. In: Mschr. Kinderheilk. 125, 1977

LIPPERT, H.: Anatomie, Köln 1991

LORENZ, K.: Die angeborenen Formen möglicher Erfahrung. In: Zeitschrift Tierpsychologie 5, 1943

LORENZ, K.: Die Rückseite des Spiegels. München 1973

LURIA, A.R.: Traumatic aphasia, its syndromes, psychology and treatment, Mouton 1970

MARTINIUS, J.: Hyperkinetische Syndrome. In: NISSEN, G./ EGGERS, C./ MARTINIUS, J.: Kinder- und jugendpsychiatrische Pharmakotherapie. Berlin, Heidelberg, New York, Tokyo 1984

MATURANA, H./ VARELA, F.: Der Baum der Erkenntnis. Bern 1987

MINSKY, M.: Mentopolis, Stuttgart 1990

MUSSEN/CONGER/KAGAN: Lehrbuch der Kinderpsychologie. Stuttgart 1976

NEERAL, A.: Führen bessere familiendynamische Kenntnisse zur Entmythologisierung des MCD-Syndroms? In: Acta Paedopsychiat. 45, 1979

NEUHÄUSER, G.: Das leicht hirngeschädigte Kind. In: Motorik 3, 1980

ONDARZA-LANDWEHR, G.v.: Prognose minimaler Hirnfunktionsstörungen im Vorschulalter. Weinheim, Basel 1979

PIAGET, J.: Das Erwachen der Intelligenz beim Kinde. Stuttgart 1969

PLANCK, M.: Vorträge und Erinnerungen. In: NB 1970

PSCHYREMBEL: Klinisches Wörterbuch, de Gruyter, Berlin

REMSCHMIDT, H.: Kinder- und Jugendpsychiatrie. Stuttgart 1979

RIPER, CH.I.V.J. van: Artikulationsstörungen, Berlin 1989

RITTER, G.: Die zwischenmenschliche Beziehung in der Bewegungsbehandlung, Stadthagen 1988

RUCKER, R.: Die Wunderwelt der 4. Dimension. Bern 1990

SABETTI, S.: Lebensenergie. Reinbek 1987

SCHMIDT, R.F./THEWS, G.: Physiologie des Menschen. Berlin, Heidelberg, New York 1980, 20. Auflage

SCHÖNE, L.: Der wilde Spaß, das Gleichgewicht zu verschaukeln. In: P.M.-Magazin, 10, 1982

SEILER, L.: Das 18. Kamel oder die Welt als Erfindung, München 1988

SPECK, O.: System Heilpädagogik, München 1987

STAHNKE, M.: Entwicklungsförderung von bewegungsgestörten Kindern auf der Grundlage des sensorischen Integrationsmodells von Jean Ayres. Unveröffentlichte Hausarbeit, Hamburg 1984

STEINHAUSEN, H.-C.: Das Hyperkinetische Syndrom. In Klin. Pädiat. 188, 1976

TALBOT, M.: Mystik und neue Physik. München 1989

TEWES, U.: Hamburg-Wechsler-Intelligenztest für Kinder Revision, Handbuch und Testanweisung. Bern, Stuttgart, Wien 1983

THOM, H.: Die infantilen Zerebralparesen, München 1982

THOMAS/FELDMAN: Die Entwicklung des Kindes, Weinheim 1986

TOMATIS, A.: Der Klang des Lebens. Reinbek 1987

TSCHASCHEL, M.: Wie kann man sich bloß alles merken? In: P.M.-Magazin, Heft 7, 1982

TSCHASCHEL, M.: Warum das Gehirn zwei Hälften hat. In: P.M.- Magazin, Heft 1, 1982

TULKU, T.: Raum, Zeit und Erkenntnis, Reinbek 1986

VESTER, F.: Denken, Lernen, Vergessen. Deutscher Taschenbuchverlag, München 1987[14]

VESTER, F.: Neuland des Denkens, Stuttgart 1984

VOGT, H.J./PECHSTEIN, J.: Zur Frühdiagnostik der minimalen zerebralen Dysfunktion. In: Fortschr. Med. 97, 1979

VOLLMER, G.: Evolutionäre Erkenntnistheorie. Stuttgart 1987

VOLLMER, G.: Was können wir wissen? Band 2: Die Erkenntnis der Natur. Beiträge zur modernen Naturphilosophie, Hirtzel Verlag, Stuttgart 1988[2]

VOLKAMER,M./ZIMMER, R.: Kindzentrierte Mototherapie. In: Motorik 2, 1986

WATTS, A.: Zeit zu leben. 1979

WATZLAWICK, P.: Wie wirklich ist die Wirklichkeit? München 1986

WATZLAWICK, P. (Hrsg.): Die erfundene Wirklichkeit. München 1985

WEIZSÄCKER, C. F.: Geschichte der Natur. Göttingen 1970

WHITE, D.: Autobiographie von Darren White. In: Autismus, Zeitschrift des Bundesverbandes, Heft 26, 1988

WILBER, K.: Das Spektrum des Bewußtseins. Bern 1987

WIRTH; G.: Sprachstörungen/Sprechstörungen/Kindliche Hörstörungen. Köln 1983

WITTE, A./BRÜGGEBORS, G.: Einführung in die Sensorische Integration, Hannover 1989

WING, J. K.: Frühkindlicher Autismus, Weinheim 1973

WOLF, G.: Neurobiologische Grundlagen menschlichen Verhaltens. In: JOHST, V.: Biologische Verhaltensforschung am Menschen. Berlin (Ost) 1982

WURST, E.: Autismus, Bern

ZUKAV: In TALBOT, M.: Mystik und neue Physik. Düsseldorf 1989

Das Maschinen-Menschenbild zerbricht – die Renaissance des Bewußtseins beginnt...

Raum für Notizen:

Raum für Notizen: